Business Agility Inception®

Vitor Massari **Fábio Cruz**

Business Agility Inception®

O método evolucionário para potencializar seus negócios em cinco passos

Rio de Janeiro

2023

Editor: Sergio Martins de Oliveira
Gerente de Produção Editorial: Marina dos Anjos Martins de Oliveira
Editoração Eletrônica: Abreu's System Ltda.
Capa: Use Design

Técnica e muita atenção foram empregadas na produção deste livro. Porém, erros de digitação e/ou impressão podem ocorrer. Qualquer dúvida, inclusive de conceito, solicitamos enviar mensagem para **editorial@brasport.com.br**, para que nossa equipe, juntamente com o autor, possa esclarecer. A Brasport e o(s) autor(es) não assumem qualquer responsabilidade por eventuais danos ou perdas a pessoas ou bens, originados do uso deste livro.

M414b	Massari, Vitor.
	Business Agility Inception : o método evolucionário para potencializar seus negócios em cinco passos / Vitor Massari, Fábio Cruz. – Rio de Janeiro: Brasport, 2023.
	232 p. : il ; 24 x 17 cm.
	Inclui bibliografia.
	ISBN 978-65-88431-87-0
	1. Gestão da produção. 2. Governança. 3. Agilidade. 4. Projetos. 5. Gestão estratégica. I. Cruz, Fábio. II. Título.
	CDU 658.5

Catalogação na fonte: Bruna Heller (CRB10/2348)

Índice para catálogo sistemático:
1. Gestão da produção   658.5

BRASPORT Livros e Multimídia Ltda.
Rua Washington Luís, 9, sobreloja – Centro
20230-900 Rio de Janeiro-RJ
Tel./Fax: (21)2568.1415
e-mails: marketing@brasport.com.br
vendas@brasport.com.br
editorial@brasport.com.br
www.brasport.com.br

Vitor Massari

Dedico este livro às minhas grandes mulheres: minha mãe Valéria e minha filha Laura Vitória Massari, e ao meu finado pai Florivaldo Massari.

Fábio Cruz

Eu dedico este livro à família com a qual Deus me agraciou e que me ajudou a chegar até aqui sendo a base de tudo que fiz com o empurrão das mãos firmes e às vezes palavras duras da minha esposa Vanessa Cruz, do olhar reprovador e provocador do meu filho Pedro Cruz por não estar mais tempo com eles e dos carinhos e apertos doces da minha filha Pietra Cruz, além de a todos aqueles que, como eu, buscam aprender sempre. Deixo aqui o seguinte pensamento: "Quando vocês me ouvirem dizer que eu já sei tudo porque já aprendi e fiz de tudo, será o dia em que eu terei fracassado e passei a não saber mais nada".

Agradecimentos

Vitor Massari

À minha filha Laura Vitória por todo o amor, paciência e incentivo durante a jornada de escrita deste livro; à editora Brasport, por mais uma vez estar apoiando e fornecendo todo o suporte e parceria a mais este trabalho; ao grande amigo e sócio Fábio Cruz pela honra de dividir a autoria deste livro; ao amigo e mentor Gino Terentim, pela honra de nos prestigiar com um belo prefácio, a todos os *Hiflexers* (ex-membros e atuais membros do time); aos meus outros grandes mentores profissionais: Luis Ricardo Almeida, Fernando Vilares, Arturo Sangiovanni, Marcos Miranda, José Agnaldo Sousa, Marcus Caldevilla, João Carlos Deiró, Cláudio Teruki, Nelson Hiroshi Uchida, Dimas Magalhães, Ricardo Vergara, Izaura Suguimoto e Rosemari Gatti; à Marcele Sampel pela confecção das imagens e capa do livro; aos amigos Maurício de Souza, Eduardo Freire, Jackson Caset, Paulo Eduardo de Jesus, Evandro Fornazari, André Teixeira, Alexandre Unzer, Rachel Simões, Flávia Amorin, Thauany Bitencourt, Daniella Aguiar e Luciene Rocha; a todos os clientes que confiam no trabalho do time Hiflex Consultoria e a todos os meus demais familiares.

Fábio Cruz

Este trabalho é fruto do incentivo e da colaboração de várias pessoas e organizações, as quais eu gostaria de agradecer: à editora Brasport, pela contínua confiança e interesse no meu trabalho; a todos os leitores e leitoras dos meus textos e livros, alunos e alunas de *workshops* e treinamentos e clientes que sempre me questionaram e me desafiaram a ser melhor e a continuamente aprender com eles; ao meu amigo e sócio Vitor Massari por me provocar e me puxar a ser cada vez melhor e não deixar oportunidades como a de escrever este livro passar; ao amigo Paulo Caroli pelos incentivos, papos e inspirações; aos meus filhos Pedro e Pietra, por me amarem sempre, mesmo quando eu estava debruçado sobre o computador escrevendo sem dar a devida atenção a eles; a minha esposa Vanessa, por ser paciente por todos estes anos e aguentar o meu lado rabugento e chato, que não dá atenção para ela quando o "trabalho me chamava"; aos meus parentes, amigos e colegas de trabalho que contribuíram de diversas maneiras para formar o alicerce para esta obra.

Prefácio

Você acabou de imprimir dez folhas de papel. Elas estão ordenadas e você precisa entregar para a sua chefe. O que você faz? Usa um clipe. Muito simples, não?

Sim, bem simples. Isso porque, há muitos anos, alguém criou o clipe. Um metal retorcido, de forma que fique fácil agrupar algumas folhas de papel.

Um modelo simples e efetivo, de cinco passos. É isso que meus amigos e companheiros de agilidade, Fábio Cruz e Vitor Massari, compartilham nesta excelente obra.

Mas não é fácil chegar ao simples.

Eu não sei como surgiu o clipe, mas tenho certeza de que foi complicado! Eu só imagino a quantidade de formas, experimentos e tentativas para juntar folhas de papel no passado. Chegar ao simples não é nada fácil!

Esse foi o caso com a *Lean Inception*, a qual eu criei há mais de uma década. Bem simples, mas levou anos para eu conseguir elaborar e evoluir até alcançar simplicidade e eficácia.

Por isso, fico extremamente feliz ao ler este livro sobre o *Business Agility Inception*. Levou anos, mas os autores chegaram lá e estão compartilhando conosco!

Eu acompanho o trabalho maravilhoso dos amigos e autores desta obra. Aliás, mais que acompanho: converso e me aconselho com eles. Sempre trocamos muitas ideias. Eles estavam comigo em uma das muitas sessões onde a *Lean Inception* evoluiu. Eles comentaram e corroboraram a *Lean Inception*. E, agora, eu estou com eles nas conversas e trocas sobre o *Business Agility Inception*.

Inception indica o início de algo. Em nossa área, é um termo comumente utilizado para determinar um *workshop* (muitas vezes colaborativo) para alinhar um grupo de pessoas que estão começando algo.

Os autores também atuam, há um longo tempo, ajudando organizações que estão começando algo: o tal do *Business Agility*.

Confesso que gosto e desgosto da palavra *Inception*. Eu gosto, pois uso muito. *Inception* realmente indica o início. Tipo assim: vamos parar, refletir e "começar de verdade". Começar de verdade, entre aspas, para indicar que, agora sim, alinhados via um excelente passo a passo de atividades, estamos prontos para seguir adiante.

Por outro lado, eu não gosto da palavra *Inception*. Não existe um início absoluto. Tipo assim: agora começou! Não. Estamos sempre começando. Por isso, o benefício desse *workshop* de "Inception", mesmo quando não é o início.

O que existe, tanto no *Business Agility Inception* quanto na *Lean Inception*, é a necessidade de parar (de forma muito efetiva) e alinhar a direção a seguir.

Mas não podemos parar. Nunca. Tempo é dinheiro. Ao menos essa é a expressão popular. Eu imagino que você valoriza um bom *workshop* de alinhamento. Se você está lendo este livro, ou já concorda, ou está muito próximo de concordar.

Porém, existem as outras pessoas. Dependendo da sua organização, muitas outras pessoas. Aquelas pessoas que vão dizer que não conseguem parar para uma *Inception* ou *workshop*. Afinal de contas, tempo é dinheiro.

Contudo, na verdade, o que elas querem dizer é que o tempo delas é muito valioso. E não podem desperdiçá-lo seguindo um passo a passo que não seja (muito) efetivo.

Ao ressaltar tudo isso, reforço que estou muito animado, pois Fábio e Vitor dedicaram seu tempo para escrever e compartilhar neste livro o passo a passo que eles têm usado, com muito sucesso, para alinhar o *Business Agility* nas organizações.

Se você precisar entregar dez folhas ordenadas para a sua chefe, muito provavelmente você vai imprimi-las e colocar um clipe. Você não vai buscar (ou tentar inventar uma solução) para agrupar e segurar algumas folhas.

Da mesma forma, se você precisar alinhar algumas perspectivas importantes para o *Business Agility*, você não precisará buscar ou criar uma solução para isso: Fábio e Vitor já compartilharam uma solução simples e efetiva. E esta já está em suas mãos.

Boa leitura e boas *inceptions*,

Paulo Caroli
Autor, palestrante, treinador e consultor

Sobre os Autores

Vitor Massari

CEO e um dos principais consultores e especialistas em *Agile/Lean* da Hiflex Consultoria, possui mais de 18 anos de experiência em projetos de inovação.

Atualmente ajuda organizações de pequeno, médio e grande porte a darem passos rumo à agilidade em projetos, tais como Whirlpool Corporation, Kroton Educacional, Leroy Merlin, Tecban, Telemont, Brasilprev, Locaweb, Porto Seguro, Chubb Seguros, entre outras.

Detentor de mais de 20 certificações internacionais especializadas no tema, como PMI-ACP, *Certified Scrum Professional*, *Professional Scrum Master III*, SAFe® *Agilist*, *DevOps Master*, PRINCE2® *Agile*, entre outras. Agilista, gerente de projetos, colunista, blogueiro, instrutor e anárquico, acredita no equilíbrio entre as várias metodologias, *frameworks* e boas práticas voltadas para gestão de projetos e que os gestores precisam encontrar esse equilíbrio, muito mais do que seguir cegamente modelos predeterminados.

Docente da disciplina Gestão Ágil de Projetos nas maiores instituições de ensino do Brasil. Integrante do corpo docente do primeiro curso de formação de *Agile Coaching* do Brasil, organizado pela Massimus.

Vencedor por dois anos consecutivos do Troféu Luca Bastos do evento nacional Agile Trends, trazendo *cases* de aplicação de gerenciamento ágil em clientes.

Voluntário e tradutor do *framework LeSS* para utilização de métodos ágeis em escala. Pioneiro na utilização de métodos ágeis em escala (*Nexus*, *LeSS*, SAFe®) em ambientes não TI.

Membro do comitê internacional e revisor das certificações EXIN *Agile Scrum*.

Autor dos *best-sellers* "Gerenciamento Ágil de Projetos" (2014)[1] e "Agile Scrum Master no Gerenciamento Avançado de Projetos" (2016)[2], "Gestão Ágil de Produtos com Agile Think® Business Framework" (2018), "Dicionário de Termos Abomináveis do Mundo Corporativo" (2019), "51 Respostas e ½ Sobre Agile e Gestão de Projetos" (2019), "4Hands System Discovery" (2020) e coautor do livro "Jornada OKR na prática" (2021). Todos foram publicados pela Brasport.

---

[1] Segunda edição lançada em 2018.
[2] Segunda edição lançada em 2019.

Fábio Cruz

Com mais de 29 anos de experiência profissional, trabalhando em diferentes papéis na gestão e no desenvolvimento de produtos, serviços e soluções de TI, com histórico como desenvolvedor, arquiteto de aplicação, líder técnico, analista de negócios, gerente de projetos, *service delivery manager* (SDM), membro e gestor de PMO, gerente de produtos, *Scrum Master* e *Agile Coach*. Participa ativamente de equipes na construção e sustentação de produtos e serviços em nichos como educação, varejo, financeiro, energia, *e-commerce*, área médica, entre outros, em empresas nacionais e internacionais, incluindo times remotos ao redor do mundo, por exemplo, sendo um dos principais responsáveis pelo desenvolvimento e pela evolução da primeira solução de *e-gov* para Compras Públicas do Brasil em 1999.

Atualmente, além de autor, *trainer*, mentor, palestrante, empreendedor e voluntário, é Sócio, CTO e um dos principais *Lean Agile Experts* na Hiflex Group, tendo atuado como agente de mudança implementando ágil e apoiando transformações organizacionais com o uso de abordagens híbridas, ágeis e enxutas de gestão. Especializou-se nos últimos dez anos em *Business Agility*, *Agile Upstream*, métodos ágeis e aumento de performance de times, apoiando empresas em transformações digitais e ágeis e na implementação de *Agile* em times, governança, estratégia, priorização de iniciativas, indicadores e métricas ágeis (do *Upstream* ao *Downstream*) e na reestruturação de PMOs em ambientes ágeis, implementando PMO Ágil, *Lean* PMO, e *Value Management Office* (VMO).

Criador do *framework* PMO Ágil® e do *Agile Upstream Framework*, e cocriador deste *framework*, o *Business Agility Inception*.

Um dos pioneiros a falar e defender a gestão ágil com o apoio de modelos híbridos e foco em transformações ágeis e digitais. Tornou-se uma das referências no Brasil, com mais de 100 palestras realizadas. É inclusive ganhador do prêmio Luca Bastos de melhor palestrante em 2015 no Agile Trends. Já treinou mais de 20 mil pessoas e é autor de centenas de artigos, vídeos e *podcasts*.

Integrante do corpo docente do primeiro curso de formação de *Agile Coaching* do Brasil. Integrante do corpo docente e Líder de núcleo *Agile PMO* da formação PMO Master Class. Como membro do comitê internacional dos exames EXIN *Agile Scrum Master* (ASM) e EXIN *Agile Scrum Foundation* (ASF), elaborou questões de certificação e traduções de materiais oficiais.

Como voluntário da Scrum.org, foi o principal tradutor do inglês para o português do Guia do Scrum versões 2011, 2013, 2016 e 2017, e do Guia do *Nexus* 2015 e 2018.

Como voluntário do *Project Management Institute* (PMI) de 2010 a 2016, contribuiu para muitos projetos e participou da diretoria do capítulo de Santa Catarina ativamente por mais de uma gestão.

Autor de outros cinco livros, incluindo três *best-sellers*, com mais de 15 mil exemplares vendidos: "Scrum e PMBOK unidos no gerenciamento de projetos", "Scrum e Agile em Projetos – Guia Completo", "PMO Ágil – Escritório Ágil de Gerenciamento de Projetos", "51 Respostas e 1/2 sobre Agile e Gestão de Projetos" e coautor do "Jornada OKR na prática", todos publicados pela Brasport.

Sumário

Introdução

Cada vez mais, a evolução tecnológica, a estratégia de reconhecer o cliente no centro e o aumento da complexidade exponencial de comunicações e relacionamentos vêm forçando as organizações a melhorarem seus processos e atuarem com inovação e cultura de *startup* para diminuírem seu tempo de resposta para o mercado e para os clientes que estão cada vez mais imediatistas, ansiosos, inconformados e sedentos por novidades e por problemas resolvidos. Resumindo tudo isso em uma frase dita por especialistas atualmente: **"Estamos na era da VUCA[1] e precisamos ter maior *Business Agility*[2] nas nossas organizações".**

Porém, não existe nenhuma abordagem, estrutura ou modelo que oriente as organizações a realizar a transformação necessária para esses tempos de forma pragmática. O que percebemos que atualmente existe: o clássico processo de *assessment*/diagnóstico de consultorias, modelos *plug-and-play*, "xamanismo"[3] de consultores e seus *frameworks*/

[1] VUCA é um acrônimo utilizado para os termos em Inglês *Volatility* (Volatilidade), *Complexity* (Complexidade), *Uncertainty* (Incerteza) e *Ambiguity* (Ambiguidade).

[2] *Business Agility* é um termo utilizado para Agilidade Organizacional, ou seja, não apenas ter abordagens sendo executadas em equipes ou *squads*, mas, sim, ter uma organização com filosofia ágil.

[3] Xamanismo é um termo genericamente usado em referência a práticas etnomédicas, mágicas, religiosas e filosóficas, envolvendo cura, transe, transmutação e contato entre corpos e espíritos de outros xamãs, de seres míticos, de animais, dos mortos.

modelos de preferência e frases motivacionais de autoajuda. Essas abordagens sempre nos incomodaram por não trazerem resultados práticos na maioria dos casos e ouvirmos diversos relatos de experiências ruins tanto de clientes quanto de alunos e amigos.

Com relação ao modelo de *assessment*/diagnóstico clássico, nossa maior restrição é com relação ao especialista terceiro que realiza entrevistas individuais durante semanas ou meses, na maior parte das vezes carregadas com forte viés, tanto do entrevistador quanto dos entrevistados, e chega a conclusões baseadas em percepções, ignorando totalmente as restrições e relações causa-efeito da organização. As saídas desse processo geralmente são grandes relatórios de novos processos, muitas vezes não aplicados pois os colaboradores da organização, na esmagadora maioria das vezes, costumam dizer: "estes processos não refletem nossa realidade", "nosso contexto é diferente", "a consultoria não conhece nosso modelo de negócio e nossas dores", "eu não fui ouvido e isso não funciona para mim".

Modelos *plug-and-play*, por sua vez, consideram que todas as organizações são basicamente iguais e possuem restrições, relações causa-efeito e agentes idênticos. Ou seja, o que funcionou em uma empresa vai funcionar em todas. Como exemplo prático disso, citamos o famigerado "modelo" Spotify. Diversos colaboradores da Spotify já se posicionaram em redes sociais dizendo: "não copiem nosso modelo. Na verdade, não temos um modelo, o que fazemos emergiu do nosso contexto e serviu para resolver nossos problemas". Porém, muitas organizações ignoraram esse recado e estão falhando miseravelmente em suas transformações, rasgando rios de dinheiro.

Sobre o "xamanismo" de consultores e frases motivacionais de autoajuda não vamos nem comentar muito, pois fica difícil levar a sério frases como: "forme equipes de até cinco pessoas em toda a organização", "demita todos os gestores e horizontalize a gestão", "use *framework* X, limite trabalho, meça níveis de maturidade e seja feliz", "vamos rodar dinâmicas de Lego®/avião/pizza em toda a organização para mudar a cultura", "cole meus *canvas* na parede, siga meu *checklist* e tudo vai dar certo", "a cultura precisa mudar", "o *mindset* das lideranças precisa ser transformado", "vocês precisam entregar valor", "as pessoas precisam ser motivadas e felizes".

Como somos pessoas inquietas e inconformadas com o *status quo*, fomos experimentando e criando alguns modelos diferentes ao longo dos anos, até a nossa sociedade formal que aconteceu no início de 2018. Esse foi o momento em que resolvemos criar o nosso próprio processo de *assessment*/diagnóstico com base em alguns conceitos resumidos a seguir e que serão mais bem contextualizados ao longo desta obra:

- ◆ *Business Agility*
- ◆ Relações causa e efeito e Árvore da Realidade Atual/Futura – Goldratt
- ◆ Teoria das Restrições – Goldratt
- ◆ Sistema de metas locais *versus* metas globais – Goldratt
- ◆ Relação causa e efeito entre objetivo, valor percebido e restrições – Massari
- ◆ Narrativas dentro de domínios claros, complicados, complexos e caóticos usando o *framework Cynefin* – Snowden
- ◆ Distribuição de cognição e *Design Thinking* – Snowden

Ao longo das execuções práticas fomos identificando pontos de melhoria, realizando ajustes e introduzindo novos experimentos, e estamos constantemente revisitando. O que podemos observar como principais vantagens:

- ◆ Entendimento e planejamento colaborativo de como resolver problemas de diversas naturezas, origens e impactos, tais como atrasos nas entregas de projetos, resultados de áreas, processos ruins, produtos com baixa qualidade ou aceitação de clientes, estruturas organizacionais, desmotivação interna e insatisfação de clientes.
- ◆ Ao distribuir cognição e permitir que a própria organização descubra o que precisa ser feito, o plano de transformação passa a ter maior aceitação e comprometimento, pois foi gerado pelas pessoas que estão com desafios no dia a dia e não pelo viés do consultor especialista.
- ◆ O plano de transformação tem rastreabilidade com as restrições, dores e objetivos da organização.
- ◆ As restrições ajudam o plano de transformação a ser realista, pragmático e coerente com os objetivos da organização.
- ◆ O processo permite que, quando necessário, toda a organização seja mapeada em até cinco passos, que levam até 40 horas, eliminando reuniões improdutivas, entrevistas com viés e longos relatórios de saída.

Porém, encontramos um pequeno problema. Apresentávamos este modelo para as pessoas e empresas com o nome de *assessment*/diagnóstico e percebíamos que em muitos casos isso gerava uma certa repulsa e desconfiança, pois muitas organizações tiveram experiências ruins com os processos tradicionais de *assessment*/diagnóstico. Por mais que explicássemos que o nosso processo era diferente, muitas vezes não surtia nenhum efeito e perdíamos a oportunidade de aplicá-lo na organização.

Resolvemos que era hora de mudar o nome, pois se tratava de um processo novo, nunca aplicado no mercado. Após um longo *brainstorming* chegamos no nome **Business Agility Inception®**, onde nós, como especialistas e consultores, facilitamos e provocamos distribuição cognitiva e representantes da organização de diversas áreas, de forma colaborativa, entendem e resolvem de forma definitiva questões organizacionais em apenas cinco passos que levam até 40 horas para serem executados.

A partir de agora vamos detalhar o passo a passo do processo. Dividimos este livro entre três partes:

- ♦ Parte I – Vamos descrever como funciona o processo dia a dia e os possíveis cenários que podem se desdobrar durante a execução.
- ♦ Parte II – Vamos demonstrar uma aplicação prática para que você entenda o resultado final e utilize na sua organização.
- ♦ Parte III – Alguns de nossos clientes gentilmente prestaram alguns depoimentos sobre o processo e, principalmente, o resultado final e nos autorizaram a compartilhar esses depoimentos nesta obra.

Vamos iniciar a nossa jornada a partir de agora! Vamos nessa ajudar as nossas organizações a utilizar pragmatismo para sua transformação sem rasgar dinheiro com fórmulas mágicas ou ruins! **#PRD – Pare de Rasgar Dinheiro!**

Boa leitura a todos,
Vitor Massari e Fábio Cruz

Business agility

Business agility é um daqueles termos que ganharam espaço na boca de quase todo mundo. No entanto, as interpretações erradas e distorções também são quase infinitas.

Nesta obra utilizaremos muito este conceito e precisaremos ter o mesmo entendimento sobre o que é, para que serve e como utilizamos. Então vamos logo ao que interessa.

Business agility é um termo utilizado para **agilidade de negócios**, ou seja, não apenas ter abordagens sendo executadas em equipes ou *squads*, mas ter uma organização com filosofia ágil.

Quando nos referimos a agilidade de negócios, não estamos falando de levar agilidade para a organização inteira com métodos simplesmente. Muitos confundem "escalar o ágil", que vem do inglês *scaled agile*, com *business agility*, e muitas vezes o próprio entendimento do que é ágil em escala está distorcido. Como consequência, o *business agility* também ganha distorções.

Então vamos comparar esses dois conceitos para que não fique nenhuma dúvida. Ágil em escala não é levar o ágil para toda a organização ou, como muitos pensam por aí, "implantar *Scrum* em todos os times da empresa". Ou pior: "tombar *squads* em todas as estruturas que antes eram denominadas times ou equipes". Ágil em escala é quando precisamos desenvolver um grande produto cuja combinação de *skills* ultrapassa nove pessoas, e mesmo com times grandes temos que manter o produto único e seus incrementos integrados durante o desenvolvimento e suas entregas.

Entendemos então que ágil em escala nada tem a ver com levar o ágil para toda a organização. *Business agility* é sobre agilidade em toda a organização, mas não sobre "levar", "implantar", "tombar" o ágil em toda a organização através de métodos ou *frameworks* como *Scrum*, *Kanban*, SAFe, DAD, entre outros. Nada contra esses métodos, mas o propósito de todos é apenas contribuir para um *business agility* que vai além de métodos.

Uma organização ágil é uma organização adaptativa que tem uma cultura baseada em práticas que buscam em tempo integral por eliminação de desperdícios, aumento de performance de processos e resolução de problemas. É centrada em ouvir as pessoas envolvidas, enxugar burocracias, documentos e tudo aquilo que deixa uma organização mais lenta do que esta poderia ser se você for direto ao que interessa. Todas essas ações que refletem em uma cultura e uma filosofia ágil focam na resposta rápida a mudanças, que está intimamente ligada à velocidade que a empresa consegue imprimir ao acompanhar uma mudança que está ocorrendo em seu mercado, seus clientes, seus produtos ou serviços, seus *stakeholders*, e qualquer outra variável interna ou externa que possa afetar seus trabalhos e necessitar de uma mudança para que a performance e os resultados não caiam de forma contínua e constante.

Business agility é uma forma de buscar constante e continuamente maneiras de uma organização se tornar mais ágil e mais adaptativa, e está muito conectada à melhoria contínua e a uma mudança evolutiva. Veja que a filosofia ágil mencionada anteriormente respira melhoria contínua e mudança evolutiva.

A melhoria contínua nos ensina que sempre precisamos resolver problemas, que nunca seremos perfeitos, além de nos permitir mudar em pequenas partes para que possamos melhorar um pouco por vez quase de forma infinita. Já a mudança evolutiva nos mostra que devemos considerar que nem tudo nas organizações está errado e precisa ser jogado fora, pelo contrário: muita coisa funciona e devemos manter o que já foi evoluído e começar como está antes de fazer qualquer mudança.

Business agility então é **agilidade de negócios**, que consiste na arte das organizações se tornarem adaptativas através de mudanças evolutivas e melhoria contínua de forma a terem crescimento exponencial e se manterem nesse crescimento por muito mais tempo.

Assim, chegamos ao ***Business Agility Inception®***, que é um método de cinco passos usado para entender e resolver questões e problemas de modo a levar organizações ao *business agility* mais rapidamente em até 40 horas.

A partir dos próximos capítulos vamos entender melhor o ***Business Agility Inception®***.

Parte I – O método Business Agility Inception®

1.
Propósito e origens

As origens do nosso *framework* combinam estudo de teorias, validação de hipóteses e experimentos, e muita experiência vivida nas organizações rodando modelos, práticas e processos que trouxeram a nós e aos nossos clientes grandes sucessos e resultados positivos, e também fracassos e resultados negativos que nos possibilitaram aprender muito e adaptar bastante o Business Agility Inception® até aqui.

O Business Agility Inception® vem sendo aprimorado a partir de muitas "cicatrizes de combate", o que nos permite neste livro apresentar um *framework* bem maduro, que não é perfeito, pois nem temos esta pretensão, mas que está em constante aprimoramento e que nos dá a segurança de mostrar para você um modelo que vai lhe permitir resolver problemas reais com baixo risco de insucesso.

Um dos maiores aprendizados que adquirimos foi que parte do segredo é o trabalho colaborativo e a distribuição cognitiva, fazendo com que todos os participantes trabalhem em conjunto, comunicando-se todos com todos, promovendo um envolvimento e engajamento de quem é impactado ou impacta o ambiente, considerando que o conhecimento está em todos, devendo passar por todos e gerando novos conhecimentos em todos.

Desse modo, o *framework* Business Agility Inception® não é definitivo e não está completo, permitindo que, através dos conhecimentos gerados por novos grupos de trabalho durante futuras aplicações, sejam incluídas nele novas práticas ou técnicas, ou sejam aprimoradas as já existentes.

A partir deste ponto vamos mergulhar no Business Agility Inception® e orientá-lo a utilizar este modelo de resolução de problemas passo a passo.

De forma resumida, através de um *elevator pitch*[4], explicaremos o propósito da abordagem do *framework* Business Agility Inception®:

> **PARA** empresas e organizações
>
> **QUE** visam se reinventar em um mundo de constantes transformações e mudanças, melhorando seus resultados e promovendo a transformação ágil ou digital
>
> **O BUSINESS AGILITY INCEPTION®**
>
> **É** um método de mapeamento organizacional sistêmico realizado em cinco passos que levam até 40 horas para ser realizado.
>
> **QUE**, por meio de uma abordagem colaborativa, mapeará as principais dores e restrições que afetam os resultados e a estratégia da empresa, identificando oportunidades de eliminação de retrabalhos e desperdícios

---

[4] Técnica para expressar uma ideia, produto ou objetivo em uma sentença cuja leitura não dura mais que dois minutos. Mais detalhes sobre a técnica são abordados nos livros "Gerenciamento Ágil de Projetos" e "Agile Scrum Master no Gerenciamento Avançado de Projetos", ambos disponíveis pela Brasport.

> **AO CONTRÁRIO DE** processos tradicionais de *assessment*, que promovem apenas a avaliação do estado atual e o estado futuro por meio de entrevistas e relatórios,
>
> **O BUSINESS AGILITY INCEPTION®** construirá, através de técnicas de *Design Thinking* realizadas a quatro mãos[5], um caminho claro para que as organizações possam executar suas estratégias, projetos, produtos e iniciativas, equilibrando resultado, riscos, inovação e restrições.

Você pode estar pensando: "mais uma técnica mirabolante que vende a salvação empresarial!" Muito pelo contrário, esta técnica foi desenvolvida justamente para realizar uma melhor sondagem nas organizações que estão cada vez mais com características complexo-adaptativas.

Para entendermos melhor a característica de organizações complexo-adaptativas, vamos resumir o *framework Cynefin*™, utilizado para tomada de decisões de habitat de acordo com o contexto:

---

[5] Trabalho a quatro mãos para nós significa que todas as atividades serão sempre realizadas através de profissionais da Hiflex (representando as primeiras duas mãos) e profissionais da empresa contratante (que executarão os trabalhos representando as outras duas mãos).

Figura 1. *Framework Cynefin*™. Traduzido e adaptado de David Snowden.

♦ **Domínio Claro** – Previsível, repetível, regido por *checklist* e restrições rígidas. Exemplos: linha de produção de hambúrguer *fast food*, linha fabril, primeiro atendimento de *call center.*

♦ **Domínio Complicado** – Previsível, mas não repetível, desde que possua análise de um especialista técnico, utilização de boas práticas e restrições de governança (políticas, práticas, norma, regulação). Exemplos: desenvolvimento de software, planejamento de férias de 13 dias em vários países da Europa, engenharia, consulta médica, departamento de contabilidade e fiscal.

◆ **Domínio Complexo** – Imprevisível, entendido através de sondagens empíricas com *feedbacks* curtos e práticas adaptativas com restrições que se adaptam conforme a interação entre os agentes do ambiente. Conforme este ambiente é sondado, mais conhecido/"complicado" ele se torna e surgem práticas emergentes que se consolidam como as novas boas práticas. Exemplos: inovação disruptiva, pesquisa e desenvolvimento, experimentos.

◆ **Domínio Caótico** – Disfuncional, podendo ser gerado por complacência, violação de uma restrição rígida ou experimento ambicioso e sem contingência de risco. Sempre temporário, pois ou tomamos uma ação para sair do caos ou sucumbimos nele. Exemplo: ataques terroristas, incêndio, queda de um servidor de TI, enchentes.

◆ **Domínio Confuso** – Domínio onde não existe clareza do comportamento do ambiente. Deve ser feita uma decomposição de outros elementos do ambiente para entender em quais domínios esses elementos trafegam. Exemplos: corpo humano, programa ou portfólio de projetos.

Em resumo, nossas organizações trafegam entre os domínios complexo e complicado na maior parte do tempo, ou seja, elas dependem de especialistas, boas práticas, restrições de governança, mas trabalham com incertezas, práticas emergentes e restrições que surgem das interações entre as pessoas e o ambiente da organização.

Quando a organização resolve realizar uma transformação ágil, digital ou introduzir o conceito de *Business Agility*, ela entra totalmente no domínio complexo, uma vez que o resultado final é totalmente imprevisível e a partir daí começam os problemas, pois as organizações buscam "comprar" boas práticas prontas para serem prontamente aplicadas, como se fossem soluções de prateleira estilo: comprou, abriu, usou, resolvido!

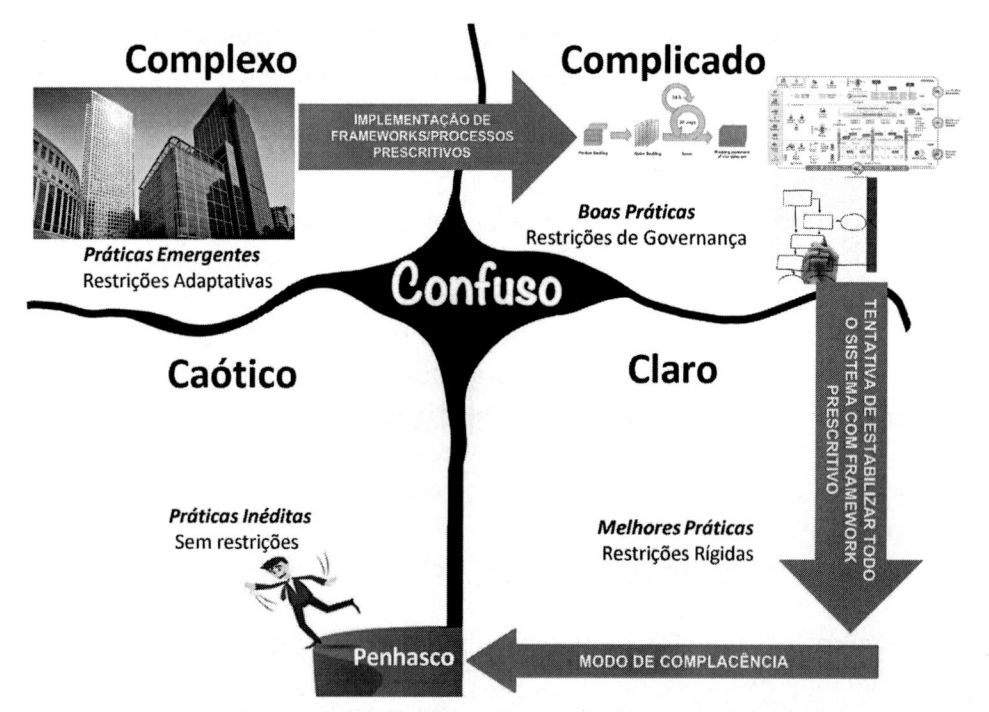

Figura 2. *Framework Cynefin*™. Traduzido e adaptado de David Snowden.

Infelizmente para os simplistas que acreditam que tudo é fácil e basta comprar algo pronto, não é assim que funciona. Para entender melhor por que isso acontece, podemos observar a imagem anterior, onde vemos que as boas práticas são "implementadas" ignorando totalmente as restrições do ambiente complexo da organização e do contexto, tornando a "transformação" um experimento ambicioso demais e gerando vários momentos de caos na organização. Você se identificou com a situação descrita? Você já viu iniciativas desse tipo serem abortadas justamente pelo caos gerado com resultados abaixo do esperado e rios de dinheiro rasgados?

Sempre irá acontecer quando tentarmos tratar as organizações complexas como se elas fossem organizações inteiramente complicadas, independentemente do método/*framework*/abordagem ou expertise do profissional/consultoria designados para realizar esse tipo de trabalho.

Então você nos pergunta: "ok. Então como deveríamos fazer?". Deveríamos sondar o sistema complexo, entendendo suas restrições, introduzindo e experimentando boas práticas e fazendo emergir o novo modelo que ajudará a organização a atingir seus objetivos esperados através da transformação ágil/digital ou *Business Agility*.

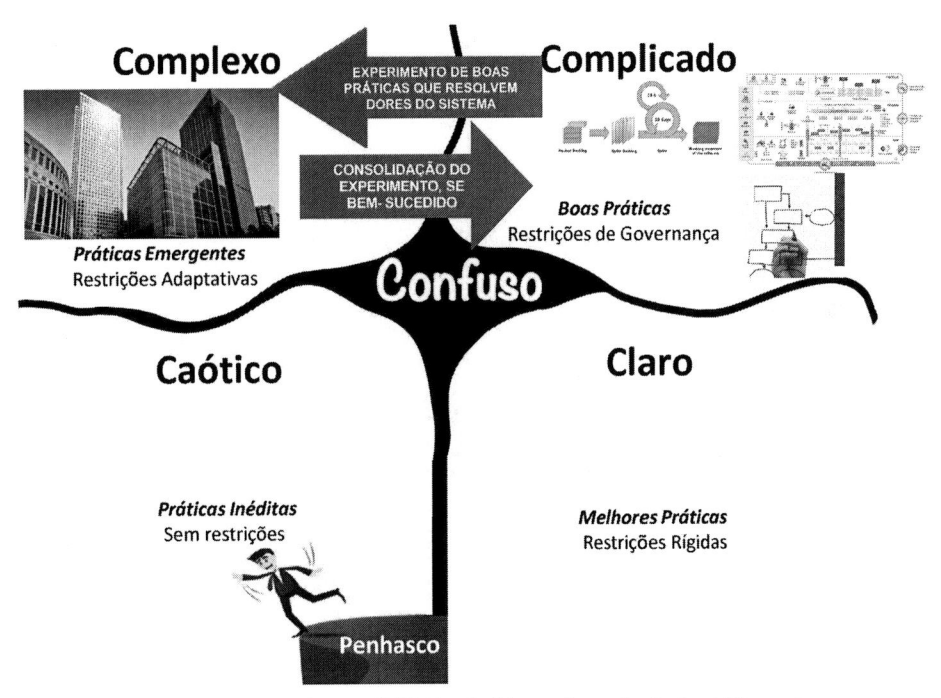

Figura 3. *Framework Cynefin*™. Traduzido e adaptado de David Snowden.

Então podemos definir o Business Agility Inception® como uma técnica de sondagem de ambientes complexos para emergir boas práticas para ajudar as organizações em processos de mudanças.

Uma vez explicados o propósito e os motivadores para desenvolvermos o Business Agility Inception®, vamos abordar sua estrutura de execução a seguir.

2.
Estrutura do Business Agility Inception®

O Business Agility Inception® é um *framework* que possui cinco passos que levam até 40 horas para serem realizados e segue a estrutura resumida a seguir:

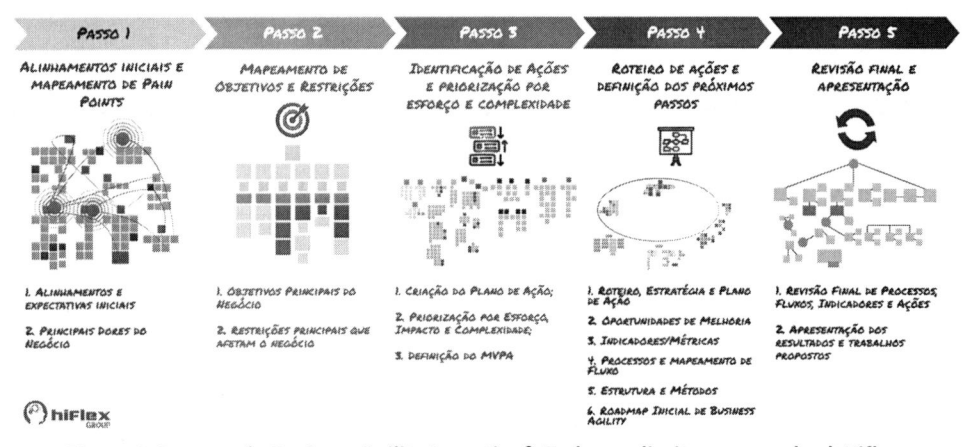

Figura 4. Resumo do Business Agility Inception®. Todos os direitos reservados à Hiflex.

Nós experimentamos o processo que você acompanhará passo a passo tanto em ambientes presenciais, com todos os participantes no mesmo local físico em um espaço reservado exclusivamente para esse trabalho, quanto remotamente, com os participantes em localizações espalhadas (casas ou escritórios), conectados à internet permanecendo *on-line* e ao vivo por várias horas consecutivas. Podemos afirmar que ambos os formatos trazem os mesmos benefícios e resultados, e a escolha entre o formato presencial e remoto é uma questão de preferência e disponibilidade, tanto das pessoas quanto dos recursos e da tecnologia. O que podemos afirmar também é a nossa preferência pelo formato remoto, que vem se tornando menos cansativo, mais produtivo e mais barato no geral. Porém, optaremos pelo presencial se identificarmos que teremos ganhos expressivos com esse formato.

O primeiro trabalho, que pode ser observado no passo 1 na imagem anterior, é a **Preparação**: antes de começarmos a abordar mais sobre o passo a passo do *framework* precisamos realizar alguns alinhamentos iniciais e verificar no mínimo a seguinte lista de itens antes de iniciarmos o processo:

- ◆ Quem é(são) o(s) patrocinador(es) da iniciativa?
- ◆ Garantir que o(s) patrocinador(es) possui(em) disponibilidade para participar da abertura do primeiro passo e da finalização do quinto passo.
- ◆ Qual a amplitude da sondagem (ex.: departamento específico, processo específico, projeto específico, equipe específica, produto específico ou organização como um todo)?
- ◆ Garantir que representantes das áreas impactadas estejam presentes durante todos os cinco passos, em tempo integral (40 horas), considerando a amplitude da sondagem determinada no item anterior.
- ◆ Quem é(são) o(s) facilitador(es) do processo?
- ◆ O processo será realizado presencialmente, onde todos os participantes irão se encontrar fisicamente em um espaço reservado exclusivamente para esse trabalho, ou será realizado remotamente, com os participantes em localizações espalhadas, e que permitem uma conexão à internet e a permanência *on-line* e ao vivo por várias horas consecutivas?
- ◆ Preparação do ambiente para realizações presenciais:

- Espaço físico com mesas, cadeiras, *flipcharts*, espaço para colagem de quadros e *post-its* e projetor.
- Grande quantidade de *post-its* grandes de cores vermelha, verde, laranja e amarelo.
- Grande quantidade de *post-its* pequenos de cores vermelha e laranja.
- Canetas hidrográficas de ponta fina e ponta grossa.
- Câmera fotográfica para registrar resultados de trabalhos expostos fisicamente em paredes, mesas ou *flipcharts*.
- Os famosos *coffee-breaks* para que os participantes se alimentem e relaxem um pouco durante os trabalhos, geralmente no mínimo uma parada a cada período máximo de 4 horas.

◆ Preparação do ambiente virtual para realizações remotas:
- Ferramenta de videoconferência que permita que vários participantes se conectem simultaneamente e interajam através de imagens de vídeo, áudio e compartilhamento de telas e arquivos, tais como Zoom.us, Webex.com, Teams.microsoft.com ou Hangouts.google.com.
- Ferramenta de colaboração *on-line* que permita que vários participantes se conectem simultaneamente e interajam conjuntamente, simulando quadros e *dashboards* virtuais contendo no mínimo recursos de *post-its* virtuais e configuração personalizada de murais, tais como app.Mural.co ou Miro.com.
- *Breaks* curtos de no máximo 7 minutos e 13 segundos a cada intervalo de no máximo 1h30m, permitindo que os participantes se levantem de suas cadeiras, circulem um pouco pelos espaços físicos e peguem algo para comer ou beber.

◆ Tanto para o formato remoto quanto para o presencial, tenha em mãos um cronômetro para controlar os tempos dos trabalhos.

Algumas recomendações adicionais:

◆ Notificar antecipadamente os participantes sobre os dias e horários que eles deverão participar do processo.
◆ Garantir que os mesmos participantes permaneçam, ao máximo, durante todos os dias de realização dos cinco passos. Troca de pessoas pode gerar retrabalhos e retomada de discussões que já deveriam ter sido encerradas.

♦ Se, no decorrer do processo, for identificada a necessidade de participação de profissionais e áreas não previstos anteriormente, eles poderão ser convidados sem problema algum.

♦ Compor o grupo tanto com tomadores de decisão e pessoas influentes quanto com pessoas que estão no dia a dia operacional da organização.

♦ Compor o grupo com no mínimo três participantes e no máximo quarenta.

♦ Recomendamos dois facilitadores para conduzir o processo. Enquanto um conduz de forma mais ativa, o outro observa o ambiente, identifica problemas, riscos, viés e ajuda com intervenções no processo. Os facilitadores podem alternar de participação ativa para observador, e vice-versa, durante todo o processo.

♦ Os cinco passos poderão ser executados em encontros de forma consecutiva (recomendado) ou em encontros alternados. Nossa recomendação é que não haja espaçamento maior que 1 semana entre um encontro e outro, e que, para o processo todo, desde o primeiro encontro e passo 1 até o último encontro e quinto passo, o intervalo não seja maior que 30 dias corridos, mitigando o risco de gerar perdas, retrabalhos e retrocessos.

E, não menos importante, quando **NÃO** começar o processo:

♦ Se não houver facilitadores com domínio técnico do tema a ser tratado (transformação ágil, melhoria de processo) e que desconheçam o Business Agility Inception®.

♦ Se não houver representante de todas as áreas que serão impactadas pelas decisões tomadas pelo grupo que estará na sala. Exemplo: a TI resolve conduzir o processo, mas não convida as outras áreas envolvidas mesmo tomando decisões que irão impactá-las.

♦ Se não houver patrocinador(es) da iniciativa.

♦ Se houver apenas líderes e tomadores de decisão na sala, pois corre-se o risco de o trabalho ter alto viés e não refletir os problemas de quem está no dia a dia da operação.

♦ Se houver apenas pessoas operacionais, pois corre-se o risco de o trabalho gerar algo impossível de ser implementado devido à baixa autonomia dos participantes.

Anteriormente à pandemia do COVID-19 aplicávamos cinco dias de trabalho, onde nos encontrávamos e nos reuníamos com os times da organização presencialmente por cinco dias inteiros de oito horas, que não necessariamente eram sequenciais. Durante e após a pandemia do COVID-19 passamos a realizar encontros remotos de duas, quatro ou seis horas com muita frequência, fazendo com que o Business Agility Inception® fosse realizado em mais dias do que os cinco previstos anteriormente.

A partir desse momento então passamos a denominar como cinco passos, que podem ser realizados ao longo de cinco encontros ou mais, de acordo com a carga horária de cada encontro de trabalho, e com a duração total podendo chegar a algumas semanas, dependendo do intervalo entre os encontros.

Nos tópicos seguintes vamos detalhar o dia a dia do processo e seus passos, resumidos a seguir:

- ◆ **Passo 1** – Realizamos um alinhamento inicial com os patrocinadores dos trabalhos principalmente para ouvirmos sobre expectativas, resultados esperados e os principais problemas existentes. Os participantes expõem suas dores de forma colaborativa e ao final do passo temos um panorama das principais dores da organização.
- ◆ **Passo 2** – O grupo discute objetivos (individuais e da organização) e analisa quais os impactos que as dores mapeadas no passo 1 geram nesses objetivos mapeados. Neste passo também são mapeadas as restrições do ambiente organizacional e quais delas são as geradoras das principais dores e deverão ser sondadas.
- ◆ **Passo 3** – Início do processo de sondagem propriamente dito, com o mapeamento de ações de melhoria e a criação de um plano de ação inicial para interferir nas restrições refletindo na priorização, nos *quick wins* (resultados rápidos) e sobre esforço, impacto e incerteza. Neste passo precisamos sair com a definição do Plano de Ação Mínimo Viável.
- ◆ **Passo 4** – Desenho da primeira versão do roteiro de ações, definição dos próximos passos e da estratégia de sondagem que será utilizada no decorrer deste passo até o final do passo 5, e que seguirá após o Business Agility Inception® ter seus cinco passos completados. Neste passo atualizaremos o Plano de Ação Mínimo

Viável e já teremos o *roadmap* inicial de *business agility*. Começamos as sondagens que estressarão o ambiente e promoverão melhorias.

♦ **Passo 5** – Continuação dos trabalhos de sondagem e aplicação de estressores de ambiente para promover melhorias, diretamente condicionada ao resultados dos passos 3 e 4. Poderão ser realizadas as seguintes sondagens, mas não limitadas a: mapeamento, revisão e evolução do fluxo de entrega, mapeamento da cadeia de valor, mapeamento de equipes, *skills* e perfis de pessoas, liderança e estrutura de gestão, revisão de indicadores e métricas, revisão de *framework* e métodos, considerando documentação, cerimônias, regras, papéis e responsabilidades, formação de comitês de melhoria contínua/centros de excelência, entre outros, que podem emergir durante o processo de acordo com a realidade de cada organização. No final do passo 5 também é realizada uma apresentação dos resultados, trabalhos propostos e do Plano de Ação Mínimo Viável.

É importante ressaltar que o plano de trabalho apresentado anteriormente por passos pode variar um pouco em relação ao início e término das etapas dentro de cada passo, mas não é recomendada a alteração da sequência que ordena a realização dos passos. Em outras palavras, pode ser que o trabalho de dores iniciado no passo 1 escorregue o término para o passo 2, ou que o início da discussão de objetivos seja antecipada para o passo 1 porque o trabalho em cima das dores foi mais curto – isso não deve ser visto como um problema de aplicação do processo, mas como uma variação normal da aplicação.

3.
Por que o Business Agility Inception®?

Uma das primeiras perguntas que precisamos responder ao analisar o Business Agility Inception® como uma opção para qualquer organização, e especialmente pela decisão de aplicá-lo em nossa organização ou em um cliente específico, é: "por que precisamos do Business Agility Inception®?" ou "por que não vamos direto para a solução pronta que nos foi oferecida pela consultoria X"?

Vamos entender mais e refletir sobre a resposta com apoio da Figura 5.

Podemos ver na imagem a seguir que figurativamente há um abismo que separa o lado direito do esquerdo. Do lado esquerdo temos a representação da organização atual, com sua cultura e *status quo* atual, com sua estrutura, áreas e departamentos atuais, com suas pessoas, processos e problemas atuais e com tudo que funciona e que contribui positivamente e negativamente para os resultados nos dias de hoje. Do lado esquerdo, provavelmente a empresa deseja e quer ser mais ágil, porém não necessariamente está obtendo o resultado esperado.

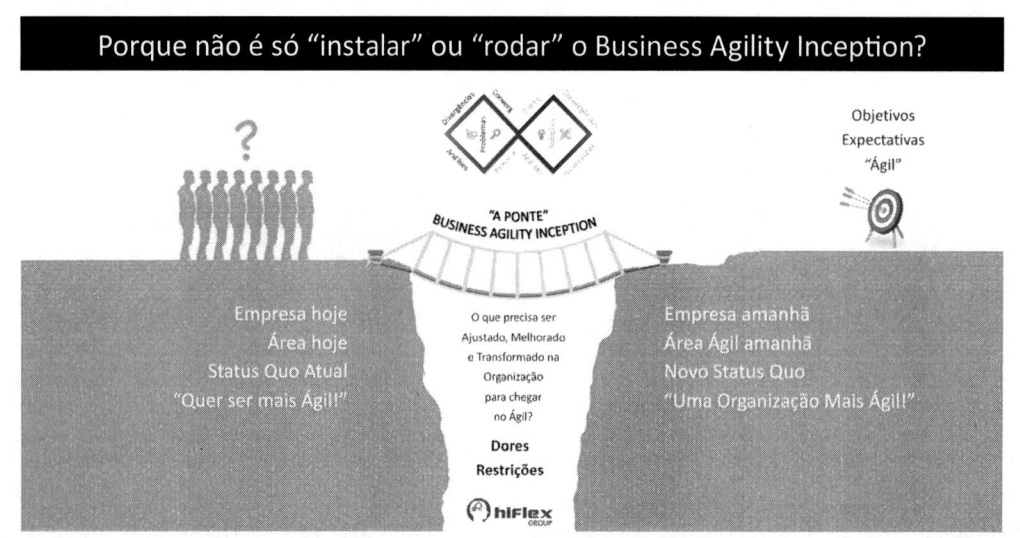

Figura 5 – Ilustração do abismo que existe entre querer agilidade e ter agilidade. Todos os direitos reservados à Hiflex.

Do lado direito temos a representação de uma expectativa futura de uma empresa modificada e melhorada, que provavelmente terá uma nova cultura e *status quo*, uma organização mais ágil que ajustou o que era preciso, que evoluiu onde era esperado e que resolveu problemas importantes que estavam bloqueando objetivos e resultados e que nesse futuro esperado são atingidos e superados.

O lado direito (o resultado esperado) muitas vezes é romantizado pelos profissionais que estão no dia a dia, e até por pessoas que estão à frente de mudanças organizacionais, como algo que acontecerá em breve sem muito esforço e como uma espécie de mágica. Lamentamos informar, mas não, isso não acontecerá nunca, exceto por um acaso do destino e da sorte, aposta que não podemos fazer em ambientes organizacionais atualmente (se é que foi possível fazer apostas desse tipo no passado). Precisamos trabalhar com pragmatismo e objetividade, e é nesse ponto que entra o Business Agility Inception®.

O abismo que temos entre o lado esquerdo e direito é a representação dos diferentes problemas ou oportunidades existentes. Cada empresa tem o seu próprio abismo entre o *status quo* atual e o futuro, muitos aspectos e variáveis são diferentes entre uma empresa e outra: as pessoas são diferentes, a cultura, o histórico, os produtos e/ou serviços, os processos, as regras e *compliances*, as diretrizes, os direcionamentos, os orçamentos, os documentos, os softwares ou as configurações de sistemas etc. Enfim, na nossa analogia, cada empresa tem o seu abismo, que pode ser muito ou pouco profundo, que pode ter intempéries climáticas como tempestades, neve, furacões, tornados, ou simplesmente um tempo limpo e aberto ou até névoa, com animais selvagens e predadores naturais ou apenas pássaros e *pets*, com rios profundos e com correntezas violentas ao fundo de penhascos rochosos e pontiagudos, ou simplesmente lagos calmos com um vale seguro para uma caminhada. Que organização é a sua e que abismo ela tem? Essa é a resposta que o Business Agility Inception® pretende fornecer, fazendo com que o caminho de transformação entre a organização atual e a futura seja o mais direto e tranquilo possível.

A proposta do método Business Agility Inception® é que, em cinco passos que vão levar quarenta horas, as pessoas envolvidas entendam e convertam todas as questões identificadas em um plano de ação para atingir as expectavas organizacionais esperadas.

Ao entender todas as questões organizacionais, as pessoas envolvidas saberão que tipo de ponte precisam construir entre os dois lados do abismo. A ponte representa o plano de ação com todos os trabalhos que precisam ser realizados para que a empresa saia da situação atual e alcance a situação futura, especificamente olhando para si mesma, para as suas questões específicas e não para exemplos e *cases* de outros.

Assim como cada organização tem o seu próprio abismo, também tem sua própria ponte, com tamanho, resistência, material, formato e outras diversas características que farão com que o caminho a ser percorrido seja fortemente personalizado e específico.

Para finalizar a analogia, temos que entender o conceito de mudança evolucionária que o Business Agility Inception® defende. O lado esquerdo do abismo que ilustra a organização atual e tudo que ela tem no exato momento do início do

Business Agility Inception® representa o conceito evolucionário que afirma que se começa do ponto (jeito) que se está. Em outras palavras, uma mudança evolucionária começa do jeito que está, sem mudar nada no primeiro momento, mas entendendo como tudo funciona e o que exatamente precisa ser mudado e melhorado ao longo do caminho. É preciso questionar: "devemos mesmo mudar ou melhorar algo? O quê?". Como no primeiro momento dessa pergunta a resposta provavelmente será um "não sei", se começa exatamente do ponto em que a organização se encontra. Somente quando a resposta à mesma pergunta se tornar "sim", e se tiver clareza do que exatamente é preciso mudar e melhorar para evoluir do ponto em que se está, é que se aplicam a sondagem e o estressor no ambiente para promover melhorias.

Não existem fórmulas mágicas e receitas de bolo prontas. Na prática, não existem pontes prontas para simplesmente serem colocadas sobre abismos de todos os tamanhos e características. Para cada ponte em qualquer lugar no mundo é preciso entender todos os seus detalhes e características para que seja possível construir a mais adequada – e assim é o Business Agility Inception®.

Executar o Business Agility Inception® permitirá que as pessoas envolvidas alinhem todos os entendimentos e convertam todas as questões organizacionais em um Plano de Ação Mínimo Viável que será fortemente customizado e especializado no sucesso do seu negócio.

4.
MVPA, entregas e resultado do Business Agility Inception®

Realizar todas as mudanças esperadas e resolver todos os problemas identificados não será um resultado a ser entregue pelo Business Agility Inception®, e temos que deixar isso bem claro logo de partida.

Trata-se de um trabalho imersivo de apenas 40 horas, e não podemos ter a pretensão de resolver questões organizacionais acumuladas ao longo de meses, anos e até décadas em algumas horas. No entanto, é claro que o Business Agility Inception® realizará entregas durante a sua realização e atingirá alguns objetivos específicos ao longo dos seus passos.

O Business Agility Inception® é um método evolucionário para entender e converter questões organizacionais em um plano de ação em cinco passos. Esse plano de ação nós chamamos de Plano de Ação Mínimo Viável, ou simplesmente MVPA (*Minimum Viable Plan to Action*).

Na Figura 6 é possível observar o ciclo do MVPA. O primeiro entendimento que precisa ser reforçado é o de que as mudanças evolutivas são as mais recomendadas, ou seja, devemos começar por onde se está, sem modificar nada de imediato, e ir evoluindo aos poucos, resolvendo problemas e melhorando continuamente.

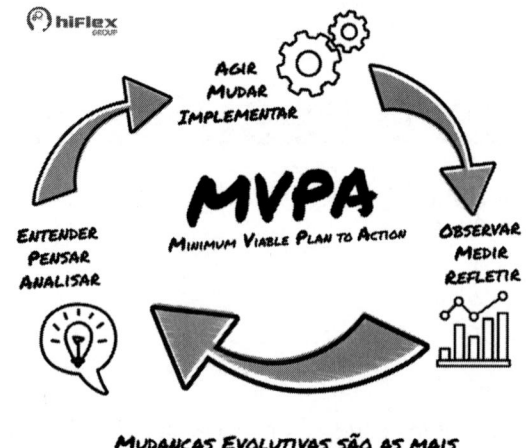

Figura 6 – Ciclo do MPVA. Todos os direitos reservados à Hiflex.

Ao começar por onde está, o ciclo puxa os seguintes passos para provocar mudanças evolutivas:

♦ **Entender, pensar e analisar:** neste passo o propósito é entender o ambiente e o contexto em que estamos focando o trabalho, pensando de forma colaborativa com todos os envolvidos quais são os principais problemas a serem resolvidos e quais são os principais objetivos a serem atingidos. A partir do entendimento do contexto e do ambiente e da reflexão sobre problemas, objetivos e expectativas podemos analisar as melhores soluções e os melhores caminhos a seguir montando um plano de ação mínimo viável.

- ◆ **Agir, mudar e implementar:** neste passo o propósito é agir de acordo com o plano de ação mínimo viável definido, realizando as mudanças previstas e implementando as ações mapeadas pelo plano.
- ◆ **Observar, medir e refletir:** neste passo o propósito é observar o resultado que as mudanças realizadas e ações implementadas trouxeram e identificar quais foram os ganhos reais, para que se possa reforçar o caminho ou realizar ajustes.

Basicamente, ao entender, implementar e medir, devemos pensar em ciclos curtos com implementações pequenas que possam gerar ganhos objetivos, pragmáticos e pequenos também. No nosso entendimento, obter ganhos pequenos n vezes em ciclos curtos consecutivos é melhor do que obter um grande ganho ao final de apenas um ciclo longo.

Na Figura 7 podemos observar justamente uma ilustração do que não fazer na parte de cima da figura. Temos apenas três etapas de trabalho:

1. Planejamento longo, onde entendemos, pensamos e analisamos TUDO que precisa ser feito.
2. Execução longa, onde agimos, mudamos e implementamos TUDO que foi planejado.
3. Obtenção do novo *status quo*, onde observamos, medimos e refletimos sobre TUDO que foi feito.

O grande problema desta forma de fazer é que o planejamento é extenso, exaustivo e detalhado, geralmente leva de semanas a meses, fazendo com que a execução também seja mais longa ainda, devido aos inúmeros trabalhos e ações planejadas. Não é só o tempo que é ruim aqui, mas a pretensão de um plano de mudança perfeito. Não acreditamos em mudança organizacional perfeita, e especialmente não acreditamos em sua alta previsibilidade. O ideal é trabalharmos com a previsão de que nem tudo funcionará como esperamos e por isso buscamos experimentar mais vezes, com ações menores, para percebermos as falhas mais rapidamente (ainda pequenas e com baixo impacto) e corrigirmos com menor esforço e tempo de ajuste.

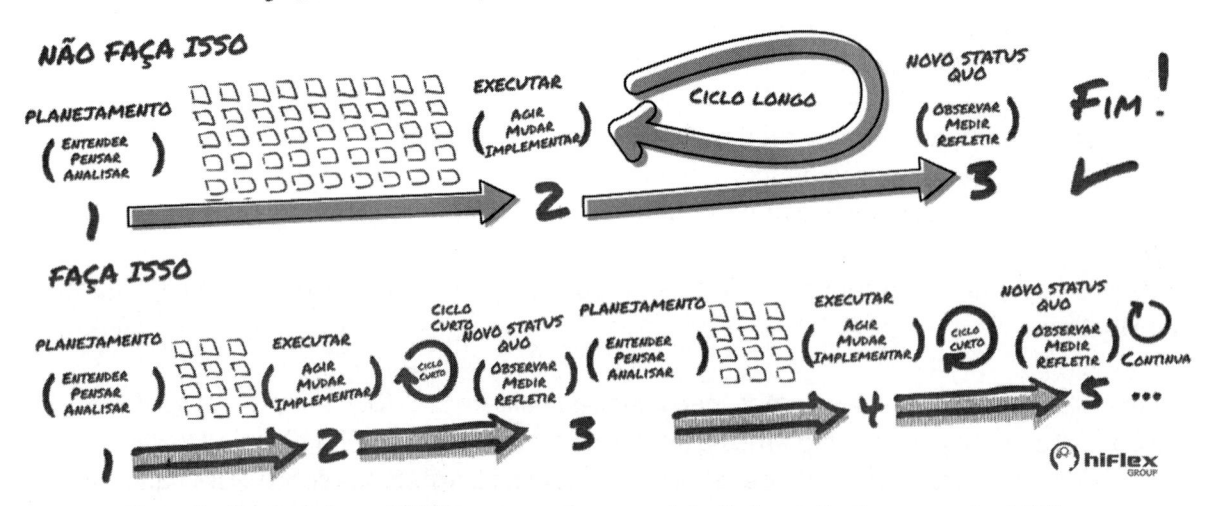

Figura 7 – Construindo um MVPA versus um plano completo. Todos os direitos reservados à Hiflex.

Ainda na Figura 7, podemos observar o que deve ser feito na parte inferior, onde temos cinco etapas descritas e terminando com três pontinhos (...), que representam que não temos apenas cinco etapas, podemos ter infinitas etapas, tais como:

1. Planejamento curto, onde entendemos, pensamos e analisamos apenas o que foi priorizado para um ciclo curto de realização, considerando as principais dores, os principais objetivos e os principais ganhos, incluindo *quick wins* (pequenas e rápidas conquistas).
2. Execução curta, onde agimos, mudamos e implementamos apenas o que foi planejado para o ciclo curto.

3. Obtenção de novo *status quo*, onde observamos, medimos e refletimos apenas sobre o que foi feito prioritariamente no ciclo curto. Ainda nesta etapa realizamos um novo planejamento curto para entender, pensar e analisar um novo conjunto de ações para o segundo ciclo curto.
4. Nova execução curta, onde agimos, mudamos e implementamos novamente pensando no segundo conjunto de ações, buscando uma segunda onda de mudanças e melhorias planejadas.
5. Obtenção de mais uma parte do novo *status quo*, onde observamos, medimos e refletimos apenas sobre o que foi feito prioritariamente no último ciclo curto. Assim como na etapa 3, esta etapa permite planejar novamente e assim sucessivamente.

A grande vantagem dessa última forma é que o planejamento é curto e não exaustivo, levando dias ou poucas semanas, provocando execuções menores com *feedbacks* antecipados. Ao realizar um ciclo completo e obter *feedback*, é possível iniciar um outro ciclo também curto, e com isso colocar em prática um mecanismo de melhoria contínua.

5.
Passo 1 – Alinhamentos iniciais e mapeamento de dores

No passo 1 de aplicação do *framework* Business Agility Inception®, três grandes objetivos são esperados:

1. Entender e alinhar as expectativas dos *stakeholders*.
2. Entender qual o público presente e suas expectativas.
3. Mapear as principais dores do ambiente através da colaboração de todo o grupo presente.

Na primeira hora do passo 1, reunimos alguns executivos e patrocinadores da iniciativa de transformação organizacional para que eles exponham suas expectativas e perspectivas do momento da organização. Exemplos de expectativas que costumam surgir neste primeiro alinhamento, mas não limitados a:

♦ Aumentar performance das equipes, que atualmente está abaixo do esperado.
♦ Solucionar problemas de qualidade dos produtos e serviços.
♦ Aumentar visibilidade financeira dos projetos em andamento.
♦ Entender como novos métodos e práticas podem melhorar os resultados atuais.

Logo após, reunimos as pessoas que estarão presentes durante os cinco passos e começamos a entender em quais áreas essas pessoas trabalham, quais suas expectativas com relação aos trabalhos que serão conduzidos através do *framework* Business Agility Inception® e como funcionam a estrutura organizacional e seus relacionamentos.

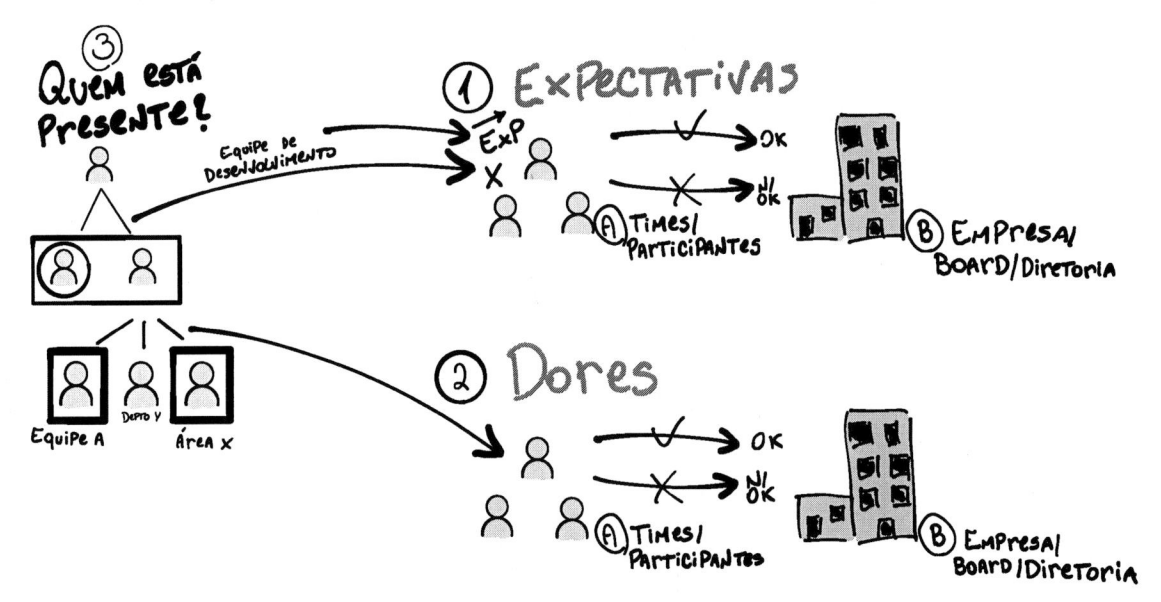

Figura 8. Ilustração do entendimento de expectativas, dores e envolvidos. Todos os direitos reservados à Hiflex.

Como pode ser observado na Figura 8, entendemos a estrutura organizacional e hierárquica em que os participantes estão envolvidos e também como a empresa funciona. Nesse momento identificamos equipes, áreas e focos de cada grupo, além de como se relacionam entre si e com a organização. A partir disso identificamos as expectativas e confrontamos com as expectativas da empresa (*Board*/Diretoria), assim como as dores, e com isso acabamos por identificar expectativas e dores de times ou áreas que não vão ao encontro da visão do *Board* ou Diretoria.

Um exemplo clássico de expectativa que ocorre em muitos casos são equipes de desenvolvimento de projetos que desejam ter uma forma de tornar visível sua real capacidade de produção, por entender que hoje não possui a quantidade de pessoas suficientes para entregar os trabalhos solicitados.

Continuando no mesmo exemplo, os executivos e patrocinadores têm a expectativa de aumentar a performance das equipes, que está abaixo do esperado. Repare que nesse momento deparamos com expectativas conflitantes. Os executivos e patrocinadores possuem a visão de que as equipes não estão desempenhando adequadamente e as equipes possuem a visão de que não possuem quantidade de pessoas suficientes para atender às demandas em tempo satisfatório. Em um caso real, esse conflito seria um forte candidato a ser resolvido durante os cinco passos do Business Agility Inception®.

Após esse entendimento de expectativas dos presentes, solicitamos a formação de grupos de até oito pessoas e se inicia a etapa de mapeamento de dores relacionadas ao ambiente organizacional.

Figura 9. Exemplo de formação de equipes no Business Agility Inception®. Todos os direitos reservados à Hiflex.

Para que o mapeamento das dores seja realizado, cronometramos um tempo entre 10 e 15 minutos, que no nosso caso normalmente é de 13 minutos e 13 segundos, e solicitamos que cada pessoa coloque suas dores em um *post--it* cor de rosa ou vermelho, uma dor para cada *post-it*, de forma individual e silenciosa, e que esses *post-its* fiquem reservados.

Após confirmarmos que todos registraram as suas dores, solicitamos que distribuam os *post-its* na parede, cartolina, quadro branco, *flipchart* ou quadro virtual com a identificação Dores ou *Pain Points*, conforme pode ser observado na imagem a seguir.

Figura 10. Imagens reais do mapeamento individual de dores no formato presencial. Todos os direitos reservados à Hiflex.

Na etapa seguinte, cronometramos aproximadamente entre dois e três ciclos de 10~15 minutos cada, e os grupos começam a discutir e a gerar uma visão consolidada de dores organizacionais. Nesse momento costumam surgir dores comuns e também dores conflitantes entre times ou áreas, gerando discussões mais acaloradas. Por isso, é muito importante que os facilitadores observem os grupos e intervenham em casos de discussões mais fortes ou truncadas e que sempre façam uma verificação com o grupo ao final de cada ciclo de tempo, questionando o *status* de cada grupo e oferecendo ajuda, em alguns casos interrompendo o ciclo e orientando o grupo sobre o melhor caminho para discutir e resolver os conflitos.

Após essa visão consolidada chega o momento em que todos os participantes, de todos os grupos, juntos discutem suas visões e colam os *post-its* de dores na parede, cartolina, quadro branco, *flipchart* ou quadro virtual. Esta etapa também gera muitas discussões, divergências e convergências e também deve ser cronometrada entre dois a três ciclos de 10~15 minutos cada. Nessa consolidação, os participantes devem buscar agrupar dores que possuem as mesmas características e criar uma categorização conforme imagem a seguir:

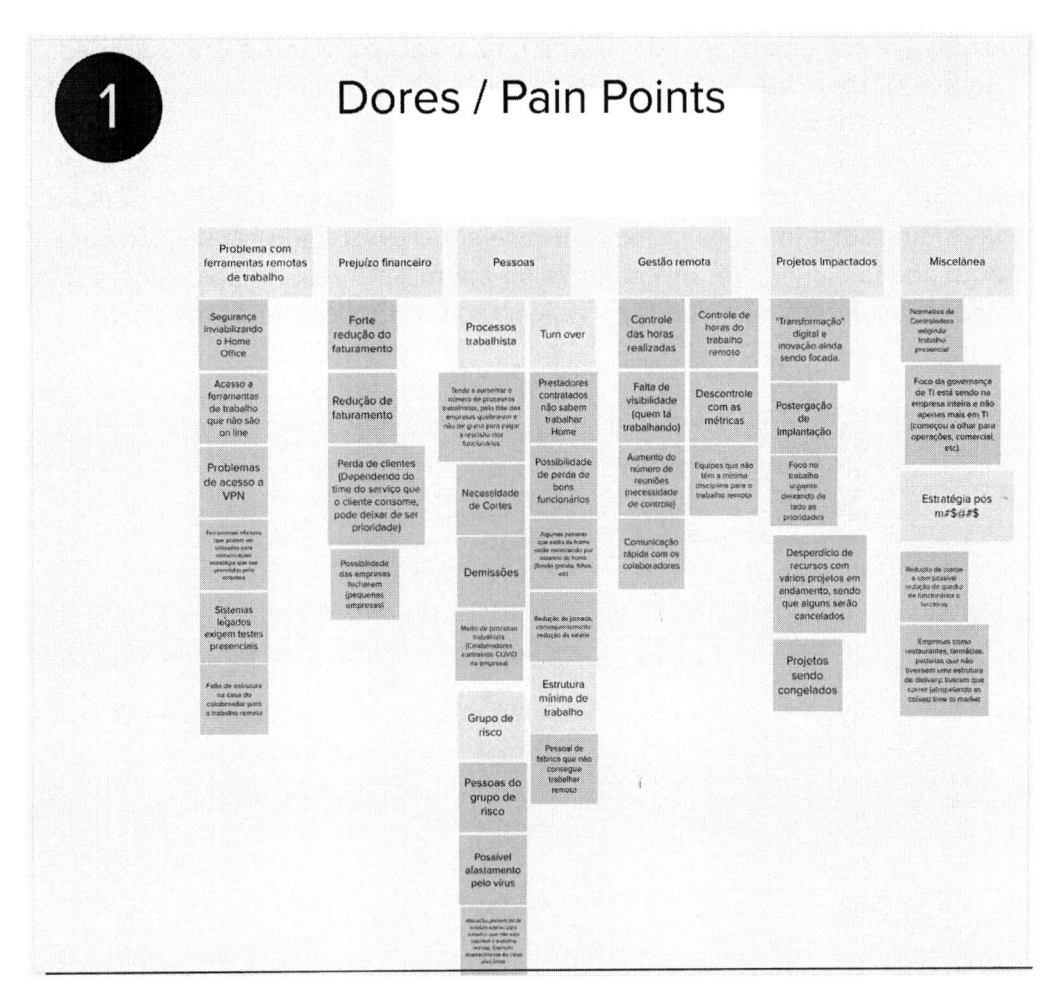

Figura 11. Captura de tela real de um agrupamento de dores realizado virtualmente em um trabalho remoto. Todos os direitos reservados à Hiflex.

Com as dores consolidadas, chegou o momento de realizar uma votação das três a cinco principais dores do ambiente organizacional. Cada pessoa faz uma marcação no respectivo *post-it* que ela acredita ser uma das dores principais. Essa prática é conhecida como *dot voting*.

Após todos terminarem sua votação individual, o facilitador faz uma contagem dos votos e coloca um *post-it* redondo nas dores mais votadas e questiona todos os participantes se aquele resultado faz sentido para o contexto da organização. Nesse momento podem surgir mais divergências ou até mesmo revisão dos votos, e o facilitador deve ficar sempre atento caso algum tipo de viés, que deturpe as expectativas iniciais, esteja emergindo.

Dores / Pain Points

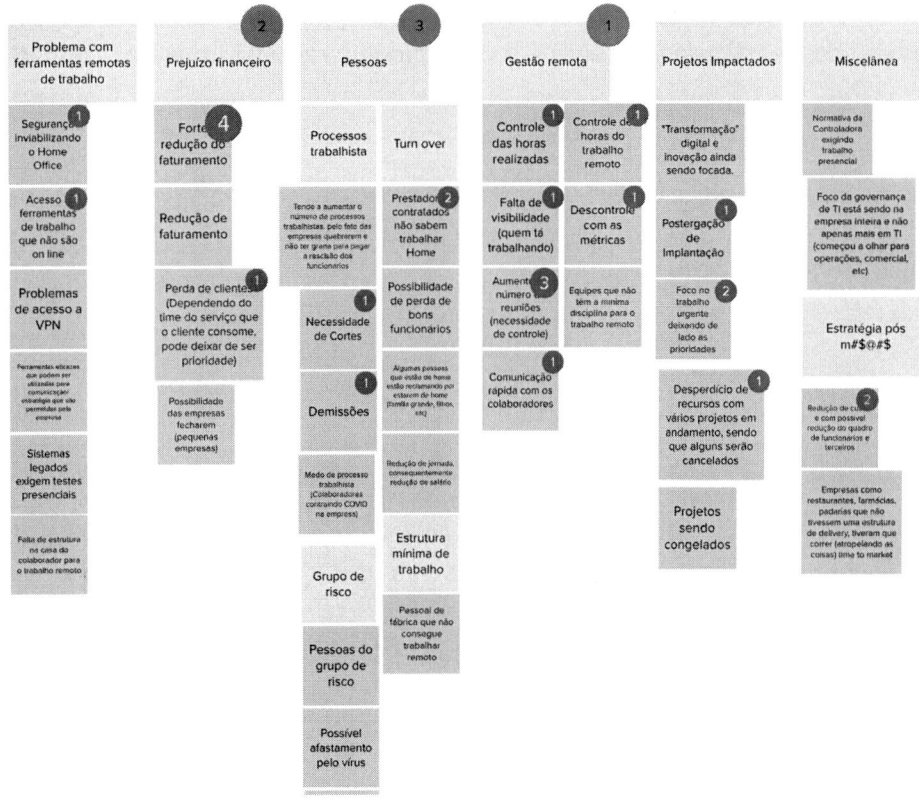

Figura 12. Captura de tela real após a finalização da etapa de votação das dores agrupadas. Todos os direitos reservados à Hiflex.

É possível observar, na imagem anterior, que o grupo de dores "Gestão Remota" foi o mais votado, tendo 8 votos registrados nas suas dores, seguido pelo grupo de dores "Prejuízo Financeiro", com 5 votos em suas dores, e por fim o grupo "Pessoas", com 4 votos.

Na última etapa do passo 1, os participantes devem criar um diagrama de causa e efeito, vinculando quais dores são causas e quais dores são consequências, conforme o exemplo ilustrado na imagem a seguir:

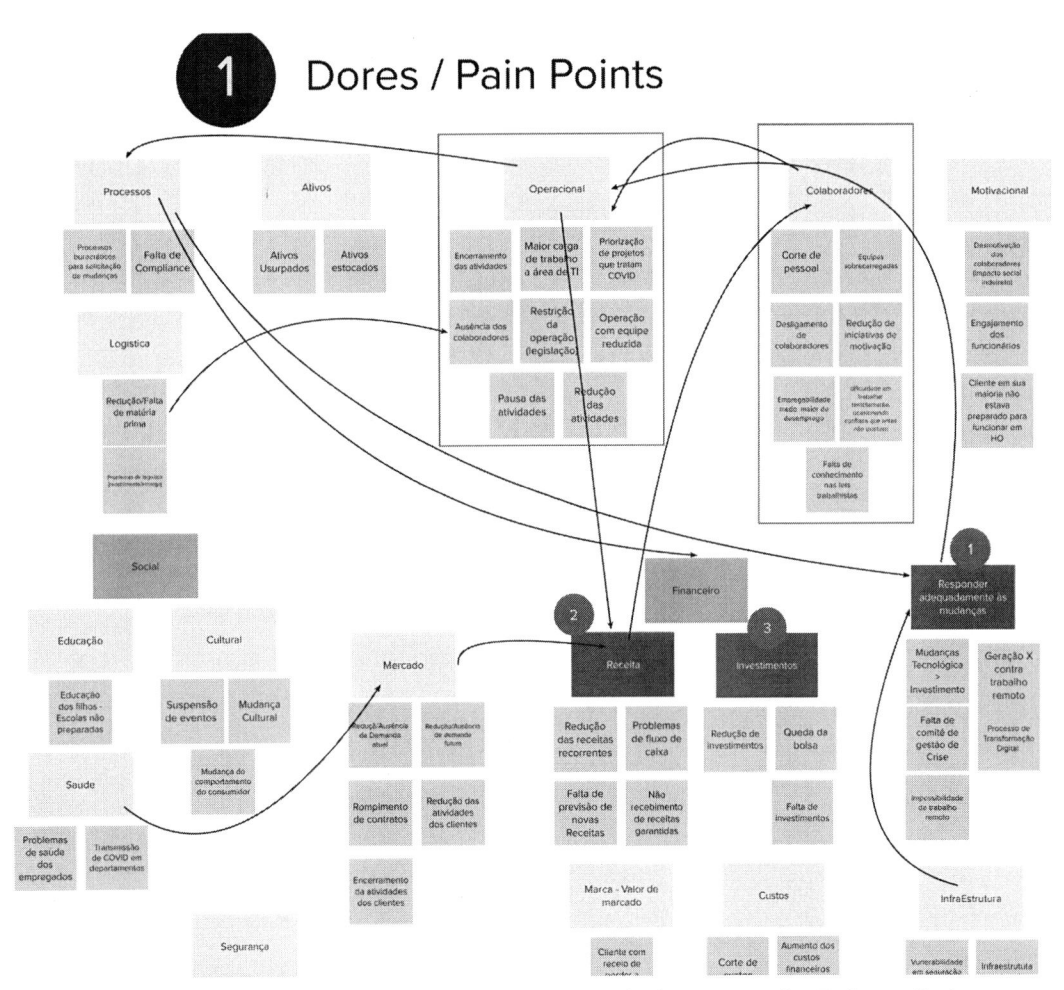

Figura 13. Captura de tela real da relação de causa e efeito entre os grupos de dores mapeadas. Todos os direitos reservados à Hiflex.

Todos os participantes juntos discutiram a relação de causa e efeito entre as dores, em especial dos grupos de dores, considerando quais grupos eram causadores e quais grupos eram consequência, relacionando-os através de ligação por setas.

Na imagem anterior é possível observar um mapeamento real, apontando:

♦ As dores do grupo "Operacional" causam as dores do grupo "Processos e Receita".
♦ As dores do grupo "Colaboradores" causam as dores do grupo "Operacional".
♦ As dores do grupo "Processos" causam as dores do grupo "Financeiro" e do grupo "Responder Adequadamente às Mudanças".
♦ As dores do grupo "Responder Adequadamente às Mudanças" causam as dores do grupo "Operacional".
♦ As dores do grupo "Infraestrutura" causam as dores do grupo "Responder Adequadamente às Mudanças".
♦ As dores do grupo "Mercado" causam as dores do grupo "Receita".
♦ As dores do grupo "Receita" causam as dores do grupo "Colaboradores".
♦ As dores do grupo "Saúde" causam as dores do grupo "Mercado".

A partir dessa análise de causa e efeito é possível confrontar as dores mais votadas anteriormente e questionar os participantes quando houver divergências. Por exemplo, dores que são causa de várias outras dores geralmente deveriam ser as dores mais importantes. Caso haja conflito, os facilitadores podem sugerir uma nova votação ou uma revisão da relação causa e efeito.

6.
Passo 2 – Mapeamento de objetivos e restrições

No segundo passo de aplicação do *framework* Business Agility Inception®, quatro grandes objetivos são esperados:

1. Mapear os principais objetivos da mudança organizacional, ou seja, o que se espera no futuro. Em alguns casos os objetivos da mudança organizacional são os mesmos objetivos atuais da organização como um todo, porém em outros casos a organização possui objetivos estratégicos que precisam ser atingidos, e os objetivos da mudança organizacional são apenas parte dos objetivos estratégicos; com isso, é preciso ter uma atenção para não haver objetivos contrários ou antagônicos.
2. Mapear quais dores realmente estão impactando atualmente no atingimento desses objetivos.
3. Mapear as restrições organizacionais.
4. Mapear quais as restrições organizacionais que realmente estão gerando as principais dores organizacionais.

Iniciamos o passo solicitando a manutenção dos mesmos grupos de até oito pessoas formados no passo anterior, cronometramos um tempo entre 10 e 15 minutos, e solicitamos que cada pessoa colocasse os objetivos da mudança organizacional em sua perspectiva individual, e também objetivos pelos quais ela é cobrada, em um *post-it* cor verde, um objetivo para cada *post-it*, de forma individual e silenciosa, e que esses *post-its* ficassem reservados.

Após confirmarmos que todos registraram os seus objetivos, solicitamos que distribuíssem os *post-its* na parede, cartolina, quadro branco, *flipchart* ou quadro virtual com a identificação "Objetivos/Expectativas", conforme pode ser observado na imagem a seguir.

Figura 14. Captura de tela real da relação de objetivos mapeados individualmente. Todos os direitos reservados à Hiflex.

Na etapa seguinte, cronometramos aproximadamente entre dois e três ciclos de 10/15 minutos cada e os grupos começam a discutir e a gerar uma visão consolidada dos objetivos organizacionais. Nesse momento costumam surgir objetivos comuns e também objetivos conflitantes entre times ou áreas, geralmente gerando discussões mais acaloradas. Por isso, é muito importante que os facilitadores observem os grupos e intervenham em casos de discussões mais fortes ou truncadas e que sempre façam uma verificação com o grupo ao final de cada ciclo de tempo, questionando o *status* de cada grupo e oferecendo ajuda, em alguns casos interrompendo o ciclo e orientando o grupo sobre o melhor caminho para discutir e resolver os conflitos.

Os conflitos muitas vezes surgem porque os objetivos individuais não possuem nenhuma relação com os objetivos organizacionais, e esse é o primeiro momento em que começamos a identificar o duelo entre objetivos locais e objetivos globais. Exemplos:

♦ Uma pessoa é cobrada por gerar um relatório diariamente e a empresa tem como objetivo aumentar faturamento.
♦ Uma pessoa é cobrada por entregar projetos dentro do prazo a qualquer custo e a empresa tem como objetivo entregar produtos e serviços de qualidade e manter altos os níveis de satisfação dos clientes.

No exemplo anterior, podemos reparar que, enquanto a organização possui objetivos focados em eficácia, as pessoas estão sendo cobradas por objetivos de eficiência operacional – e, para piorar, os objetivos locais de eficiência não contribuem para o atingimento dos objetivos de eficácia globais. Ter eficiência em processos individuais não significa garantir que os resultados organizacionais serão atingidos.

Até mesmo objetivos conflitantes entre áreas podem surgir. Por exemplo:

♦ Área de produtos tem como objetivo manter níveis de satisfação do cliente em quase 90%.
♦ Área de compras tem como objetivo economizar 60% entre valor de propostas enviadas e propostas fechadas, com política de contratar sempre o fornecedor mais barato.

No exemplo anterior, estamos diante de mais um clássico caso de conflito de eficácia (área de produtos) *versus* eficiência (área de compras).

Os facilitadores deverão ficar atentos também para objetivos genéricos. Por exemplo:

- Aumentar faturamento.
- Aumentar a lucratividade.
- Melhorar qualidade.
- Aumentar satisfação do cliente.

Nesses casos os facilitadores deverão provocar sempre a elaboração de objetivos SMART[6] e ajudar o grupo a identificar objetivos como:

- Aumentar faturamento em 15% no ano.
- Aumentar a lucratividade em 8% no ano.
- Melhorar qualidade, diminuindo quantidade de chamados abertos em 13%.
- Aumentar satisfação do cliente obtendo NPS[7] de 73%.

Após essa visão consolidada chega o momento em que todos os participantes, de todos os grupos, juntos discutem suas visões e colam os *post-its* de objetivos na parede, cartoliná, quadro branco, *flipchart* ou quadro virtual. Esta etapa também tende a gerar muitas discussões, divergências e convergências, e também deve ser cronometrada entre dois a

---

[6] SMART é um acrônimo utilizado para S – *Specific* (Específico), M – *Measurable* (Mensurável), A – *Attainable* (Atingível), R – *Relevant* (Relevante) e T – *Time-bound* (Tempo determinado).

[7] NPS significa *Net Promoter Score* e é uma técnica para mensuração de índices de satisfação de clientes.

três ciclos de 10~15 minutos cada. Nessa consolidação, os participantes devem buscar agrupar objetivos que possuam as mesmas características e criar uma categorização conforme imagem a seguir:

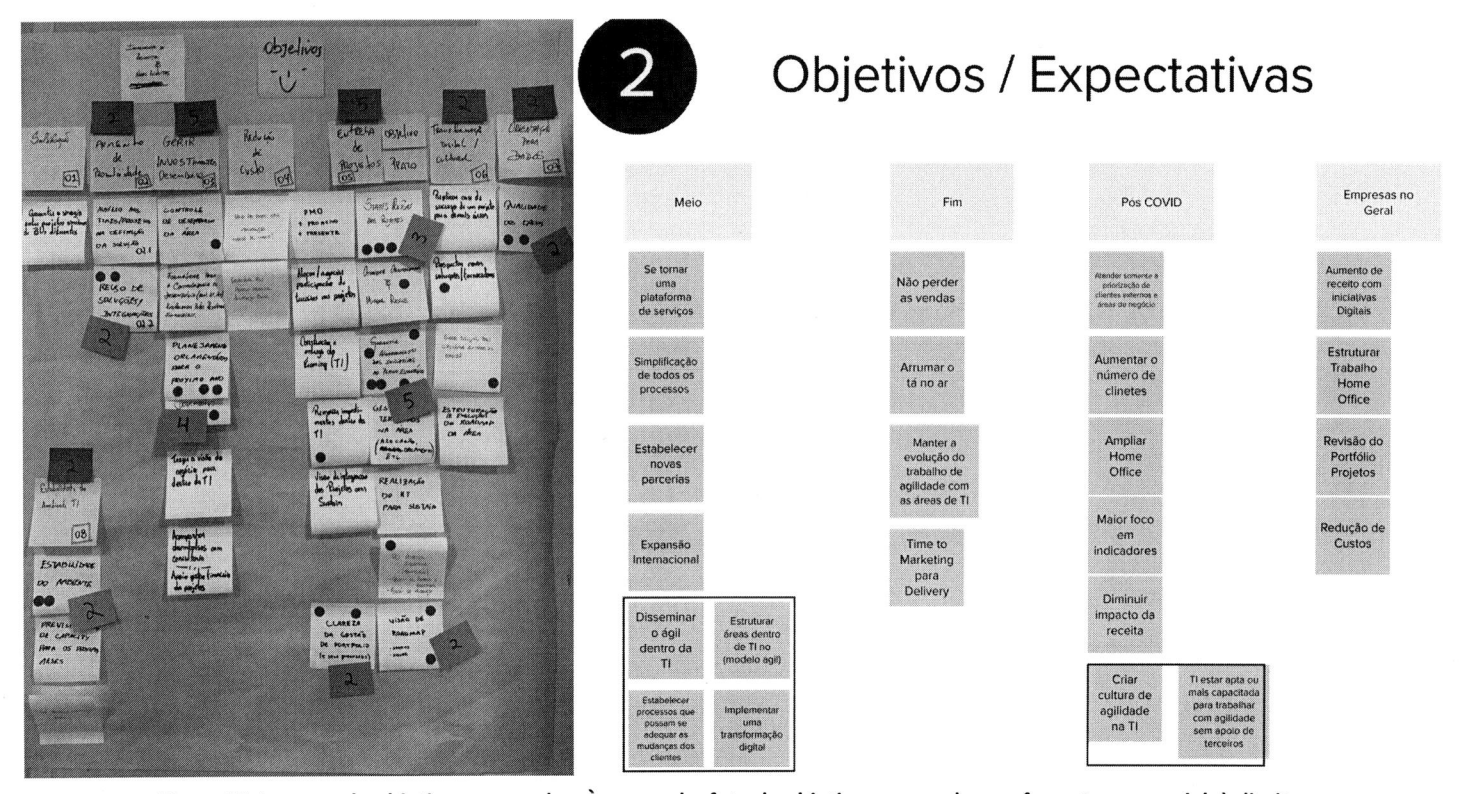

Figura 15. Imagem de objetivos agrupados. À esquerda, foto de objetivos agrupados em formato presencial; à direita, captura de tela real de objetivos agrupados em formato remoto. Todos os direitos reservados à Hiflex.

Com os objetivos consolidados, chegou o momento de realizar uma votação dos três a cinco principais objetivos da mudança organizacional, onde cada pessoa faz uma marcação no respectivo *post-it* que ela acredita ser um dos objetivos principais. Essa prática é conhecida como *dot voting*.

Após todos terminarem sua votação individual, o facilitador faz uma contagem dos votos e coloca um *post-it* redondo nos objetivos mais votados e questiona todos os participantes se aquele resultado faz sentido para o contexto da organização. Nesse momento podem surgir mais divergências ou até mesmo revisão dos votos, e o facilitador deve ficar sempre atento caso algum tipo de viés, que deturpe as expectativas iniciais ou até mesmo outros objetivos identificados, esteja emergindo.

Com os objetivos mapeados, vamos entender a relação causa-efeito entre as dores mapeadas no passo 1 e os objetivos mapeados no passo 2, ou seja, quais dores são as que realmente impactam os objetivos organizacionais e precisam ser tratadas prioritariamente.

Para iniciarmos esta segunda etapa do passo 2, precisamos criar um sistema de codificação para dores e objetivos, onde colocamos D1 no primeiro *post-it* de dor, D2 no segundo, D3 no terceiro e assim sucessivamente. Nos objetivos também criaremos uma codificação, onde colocamos O1 no primeiro *post-it* de objetivo, O2 no segundo, O3 no terceiro e assim sucessivamente.

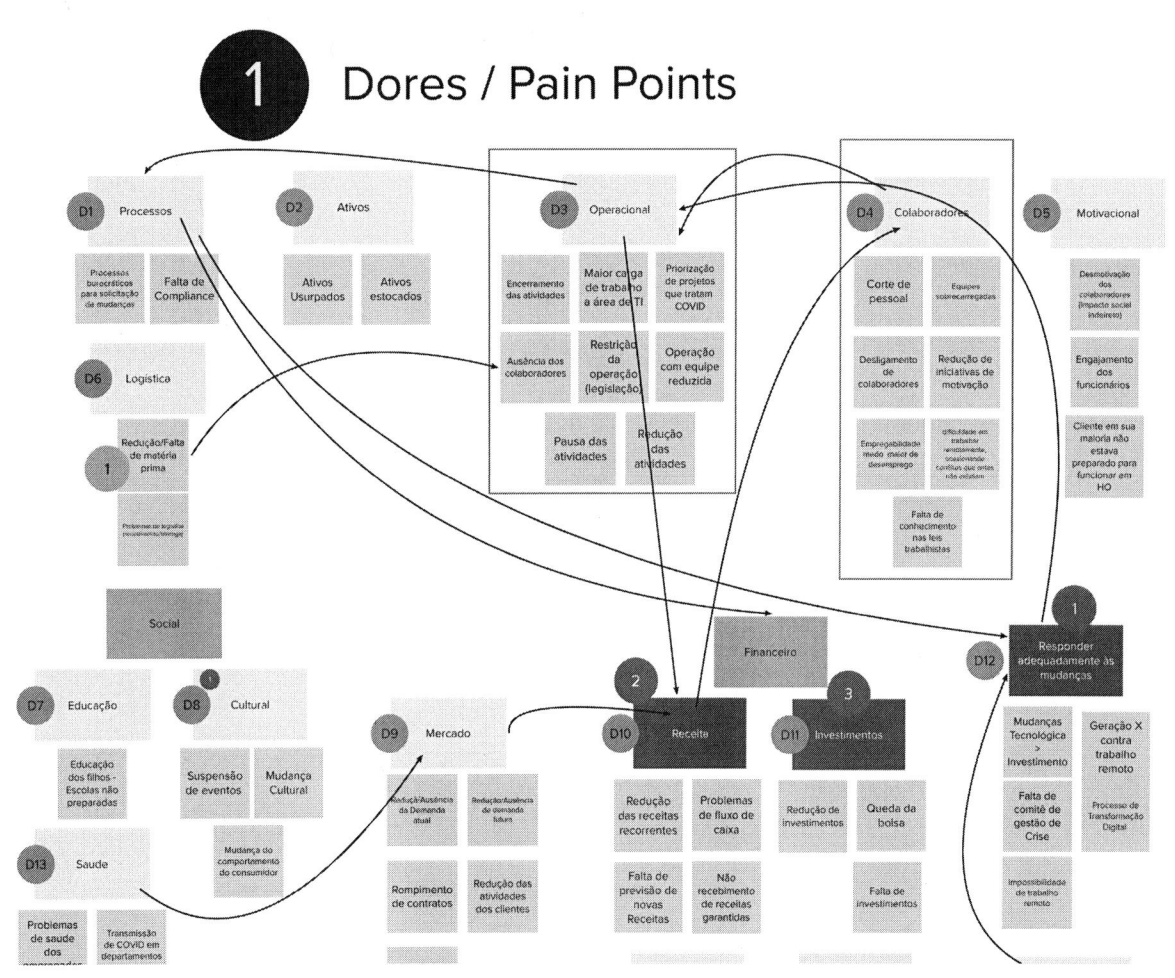

Figura 16. Captura de tela real com as dores e suas respectivas codificações. Todos os direitos reservados à Hiflex.

2 Objetivos / Expectativas

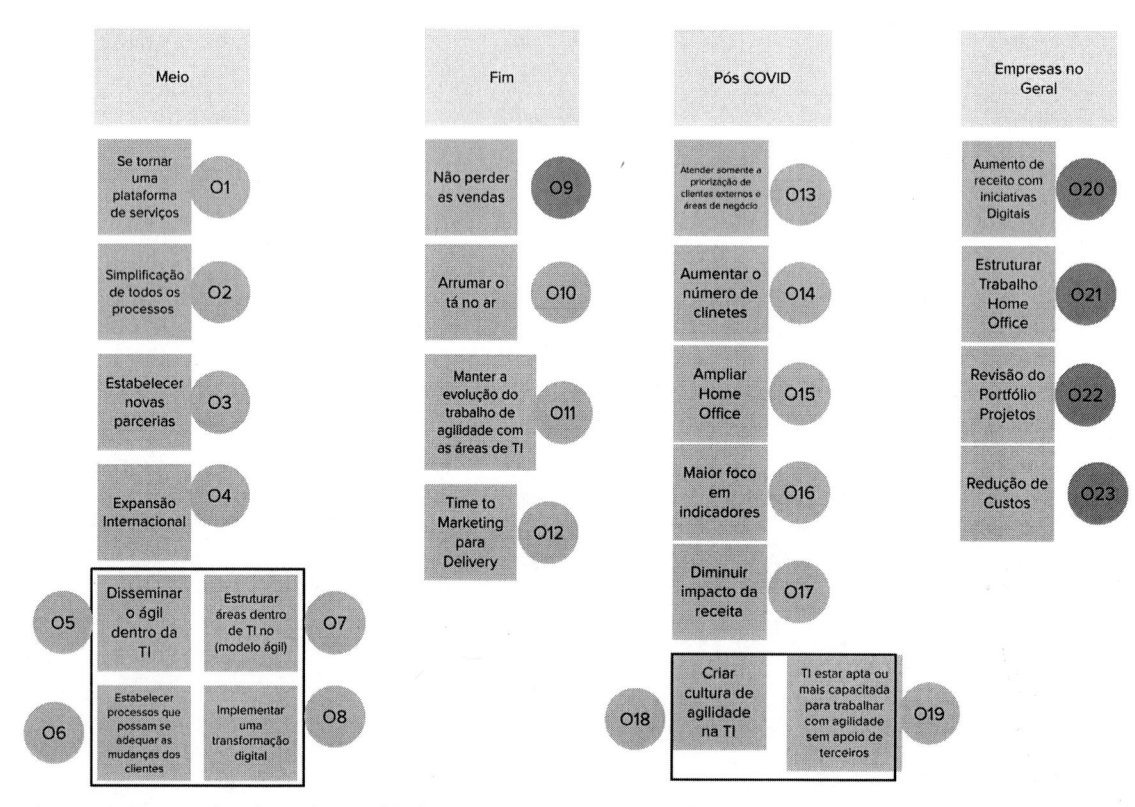

Figura 17. Captura de tela real com objetivos e suas respectivas codificações. Todos os direitos reservados à Hiflex

Com as codificações preparadas, o grupo deve criar uma tabela que relacione as dores com os objetivos, com o código de dores na vertical e objetivos na horizontal, conforme imagem a seguir:

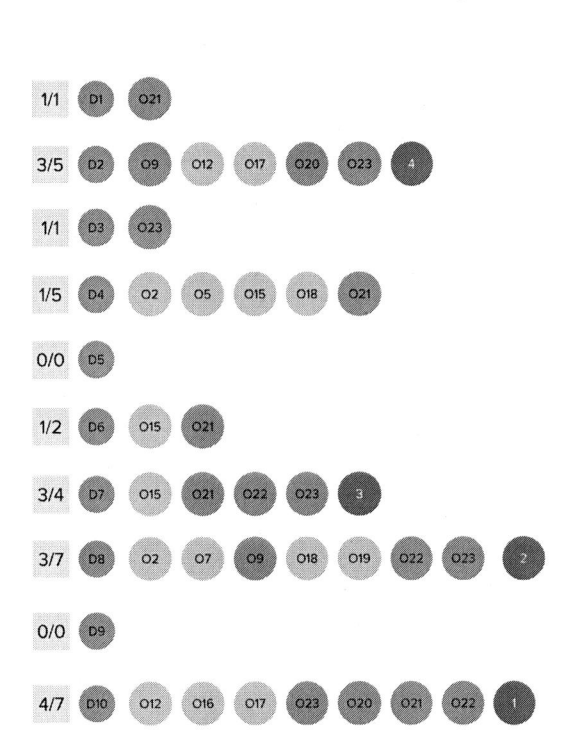

Figura 18. Captura de tela real da tabela da relação entre dores x objetivos. Todos os direitos reservados à Hiflex.

Podemos observar na imagem anterior a relação entre dores e objetivos da seguinte maneira:

♦ Na linha 1, o *post-it* com a codificação D1 representa o grupo de dores de processos marcado com D1, conforme Figura 16. Já o *post-it* com a codificação O21 representa o objetivo "Estruturar Trabalho Home Office", conforme Figura 17. Com isso, conclui-se que a dor D1 impacta o objetivo O21.

♦ A lógica é a mesma para todas as demais linhas.

É importante entender que nem todas as dores impactam objetivos, e nem todos os objetivos sofrem impacto de alguma dor.

Por outro lado, uma mesma dor pode impactar vários objetivos, como pode ser observado na dor codificada como D2, que impacta cinco objetivos, assim como um mesmo objetivo pode ser impactado por várias dores, como pode ser observado pelo objetivo codificado como O23, que é impactado pelas dores codificadas como D2, D3, D7 e D8, na Figura 15.

Um ponto ao qual os facilitadores devem estar sempre atentos: monitorar excessos de dores que impactam objetivos, em especial quando todas as dores parecem impactar todos os objetivos, descaracterizando o propósito desse trabalho de relacionamento. Caso isso ocorra, os facilitadores precisam provocar o grupo a encontrar as dores que mais impactam os objetivos diretamente e fugir da falha de que tudo impacta em tudo.

Além da relação entre as dores e objetivos, precisamos entender quais são as dores que mais impactam objetivos através da contagem dos objetivos que cada dor impacta. Para isso sugerimos a seguinte técnica:

♦ Contamos quantos objetivos aparecem em cada uma das dores, e quantos são os objetivos mais votados, que também aparecem na mesma dor.

♦ Pegamos os resultados e colocamos no *post-it* quadrado na frente das dores, onde o primeiro número representa a somatória dos objetivos mais votados e o segundo número representa o número total de objetivos.

♦ Podemos ver um exemplo na Figura 18 ao observar a última linha, onde temos no *post-it* quadrado os números 3/7, representando que a dor D8 impacta três objetivos mais votados de um total de sete objetivos. A partir dessa análise, concluímos que esta dor D8 é a dor mais importante que aparece na imagem, por impactar mais objetivos, incluindo objetivos mais votados.

Ao realizar a contagem de todos os objetivos e dores, identificamos quais são as reais dores do sistema que podem provocar a repriorização das dores identificadas no passo 1. Se isso acontecer com você e seu grupo, não se assuste. Alguns exemplos que já vivenciamos:

♦ Dor principal inicialmente era a falta de um documento de entrada de demandas e a dor real era a falta de processo de priorização.
♦ Dor principal inicialmente era qualidade de software e a dor real era a divergência de indicadores de remuneração.
♦ Dor principal inicialmente era a falta de um relatório gerencial e a dor real era a baixa autonomia para tomada de decisão.

Com as relações de causa-efeito entre objetivos e dores, vieses vão sendo eliminados aos poucos e o sistema da organização começa a ser descoberto e cada vez mais compreendido por todos, tirando "achismos" e subjetividade e trazendo fatos e argumentos.

Partimos então para a terceira etapa do passo 2: mapeamento das restrições organizacionais. Primeiramente, devemos realizar um alinhamento semântico sobre o significado da palavra restrição.

Restrição é todo e qualquer fato concreto que gera algum tipo de limitação. Exemplos:

♦ Você recebe um salário mensal, logo sua restrição é efetuar gastos no mês que estejam dentro desse orçamento.

◆ Sua empresa não pode contratar qualquer pessoa a qualquer momento, pois existe uma restrição gerada pelo processo de recrutamento e seleção.

◆ Sua empresa não pode demitir alguém a qualquer momento, pois existe uma restrição gerada pelo processo de desligamento.

◆ Você tem alergia quando come camarão, logo você não pode comê-lo, pois existe uma restrição no seu organismo.

◆ Caso você queira dar um presente de aniversário para alguém, no próprio dia do aniversário, deverá comprar o presente e se planejar para entregar para a pessoa no dia respectivo – esta é uma clássica restrição de data (ou prazo).

Ao analisarmos uma organização, provavelmente iremos deparar com oito categorias de restrições, que o facilitador deverá explicar para os participantes:

1. **Prazo:** demandas que possuem prazo fixo por questões legais, mercadológicas, metas de recompensas ou punições ou processos operacionais que possuem datas ou momentos fixos para acontecer.
2. **Custo:** iniciativas que possuem orçamento determinado e restrito.
3. **Processos:** processos organizacionais, existentes ou faltantes, que geram limitações por existirem, ou mesmo pela falta desses processos.
4. **Pessoas:** fatores motivacionais, físicos, emocionais e comportamentais que geram limitações nos resultados organizacionais
5. *Skills:* falta de habilidades ou perfis necessários para aumentar os resultados organizacionais.
6. **Recursos:** falta ou excesso de recursos físicos, materiais e/ou tecnológicos que impactam no atingimento dos objetivos organizacionais.
7. **Disponibilidade:** limitação da dedicação de tempo de pessoas para atividades que contribuem com o atingimento dos objetivos organizacionais.
8. **Dependência externa:** fatores externos à organização que geram impactos organizacionais. Exemplos: órgãos regulatórios, leis, contrato com fornecedores.

Na imagem a seguir, podemos ver alguns exemplos de restrições mapeadas em algumas de nossas experiências:

Figura 19. Exemplo de categorização de restrições. Todos os direitos reservados à Hiflex.

As restrições podem ser negativas ou positivas. As restrições negativas são aquelas que limitam excessivamente os trabalhos e prejudicam o sistema organizacional, seja com perda de desempenho, geração de gargalos, erros, sobrecargas. Já as restrições positivas são aquelas existentes para manter um bom controle e uma boa ordem no sistema organizacional, garantindo a boa execução do trabalho.

Dessa maneira, as restrições negativas geralmente precisam ser otimizadas ou diminuídas para que o sistema organizacional melhore sua performance; já as restrições positivas geralmente precisam ser incluídas ou maximizadas.

Após as explicações do conceito de restrições, o facilitador deve fornecer algumas orientações adicionais:

♦ Escrever uma restrição em cada *post-it* de cor laranja.
♦ No *post-it* da restrição, anotar um código composto pelas três primeiras letras da categoria da restrição e um sequenciador numérico. Exemplo: o primeiro *post-it* da coluna "Prazo" recebe o código PRA1, o terceiro *post-it* da coluna "Recursos" recebe o código REC3 e assim por diante.
♦ Anotar a classificação da restrição de acordo com os códigos a seguir:
  • **IMG** – Restrição imaginária. Aquela que existe, mas ninguém sabe explicar quem criou, quando e onde essa restrição está formalizada.
  • **LOC** – Restrição local. Aquela que pode ser resolvida com ações departamentais pelo grupo de trabalho que está participando do Business Agility Inception® e que geralmente foi criada pelo mesmo grupo.
  • **ORG** – Restrição organizacional. Aquela que precisa de intervenção de executivos ou da matriz para tomada de ação e que geralmente foi criada por estes que precisam realizar a intervenção.
  • **GLO** – Restrição global. Geralmente uma dependência externa ou norma internacional sobre a qual a empresa não possui muita autonomia para tomada de ação que otimize ou minimize a restrição.

Após os alinhamentos sobre o que deve ser realizado nesta etapa, todos os grupos já vão direto para a parede, cartolina, quadro branco, *flipchart* ou quadro virtual. Esta etapa, na maioria esmagadora das vezes, também gera muitas discussões, divergências e convergências, e também deve ser cronometrada entre três a quatro ciclos de 10~15 minutos cada.

Figura 20. Foto real de mapa de restrições criado em trabalho presencial. Todos os direitos reservados à Hiflex.

Com as restrições mapeadas, vamos entender a relação causa-efeito entre as restrições mapeadas neste passo e as dores mapeadas no passo 1, ou seja, quais restrições que geram as maiores dores que impactam diretamente nos objetivos organizacionais e precisam ser tratadas. Para isso temos que criar uma tabela de relacionamento entre restrições e dores, conforme imagens a seguir:

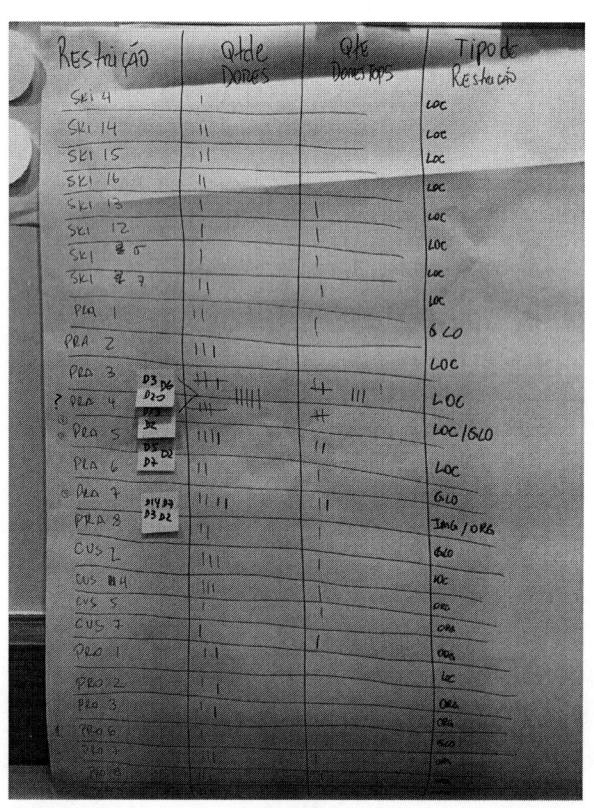

Figura 21. Foto real de tabela de restrições x dores. Todos os direitos reservados à Hiflex.

Podemos observar na Figura 21 uma forma mais simples, e com menos rastreabilidade, de realizar a relação entre restrição e dores, onde temos:

- ◆ Na coluna 1, a codificação das restrições, exemplo: PRA3 (linha 11).
- ◆ Na coluna 2, a quantidade total de dores afetadas pela restrição, exemplo: 3 dores.
- ◆ Na coluna 3, a quantidade de dores prioritárias afetadas pela restrição, exemplo: 3 dores.

Considerando o exemplo anterior, temos a restrição codificada como PRA3 e classificada como LOC (local), que gera três dores, sendo estas também identificadas como prioritárias e as maiores dores do sistema organizacional.

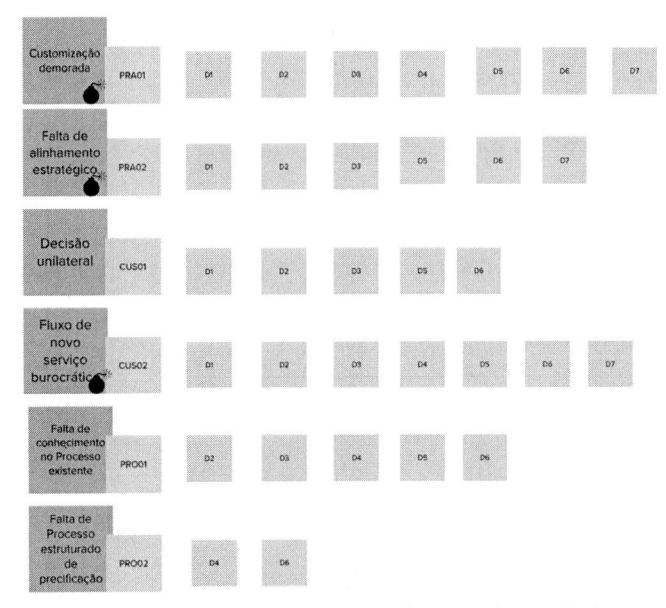

Figura 22. Captura de tela real de tabela de restrições x dores. Todos os direitos reservados à Hiflex.

Já na Figura 22, temos o relacionamento que preferimos realizar entre restrição e dores, que nos dá uma melhor rastreabilidade e organização. Podemos observar:

♦ Na vertical, coluna 1, temos as restrições e as suas codificações, como por exemplo na linha 1 a Restrição "Customização Demorada" codificada como PRA01, ou seja, é uma restrição de prazo.
♦ Na horizontal, linha 1, temos as dores geradas pela restrição PRA01, que neste caso são sete dores geradas (D1, D2, D3, D4, D5, D6 e D7).
♦ A restrição PRA01, assim como a CUS02, são as maiores restrições do sistema organizacional, pois geram a maior quantidade de dores (sete), seguidas pela restrição PRA02, que gera seis dores.

Um ponto ao qual os facilitadores devem estar sempre atentos: monitorar excessos de restrições que geram dores, em especial quando todas as restrições parecem gerar todas as dores, descaracterizando o propósito desse trabalho de relacionamento. Caso isso ocorra, os facilitadores devem provocar o grupo a encontrar as restrições que realmente são causa-efeito e geram as dores diretamente, e fugir da falha de que tudo gera tudo.

Com isso conseguimos entender quais são as principais restrições que estão impactando o sistema e estamos preparados para o passo seguinte, onde iremos intervir nessas restrições através de ações de sondagem.

7.
Passo 3 – Identificação de ações e priorização por esforço e complexidade

No terceiro passo do *framework* Business Agility Inception®, temos como objetivo criar um plano com ações de sondagem do ambiente. Entenda-se como ações de sondagem aquelas ações que visam impactar nas restrições do sistema e que, ao modificar as restrições do sistema, impactam as dores geradas por essas restrições e, consequentemente, os objetivos organizacionais mapeados.

Essas ações de sondagem também podem ser chamadas de injeções, de acordo com a base teórica do conceito de Árvore da Realidade Atual e Árvore da Realidade Futura, ambas integrantes do conceito da Teoria das Restrições criada por Eliyahu Goldratt e explicitada em seus livros "A Escolha" e "Não é Sorte".

A Teoria das Restrições também é base para gestão de restrições para alavancar metas organizacionais, como descrito no livro "A Meta", de Eliyahu Goldratt, e adaptado por nós em um conceito chamado **Triângulo de Massari**, criado por Vitor Massari, um dos autores deste livro.

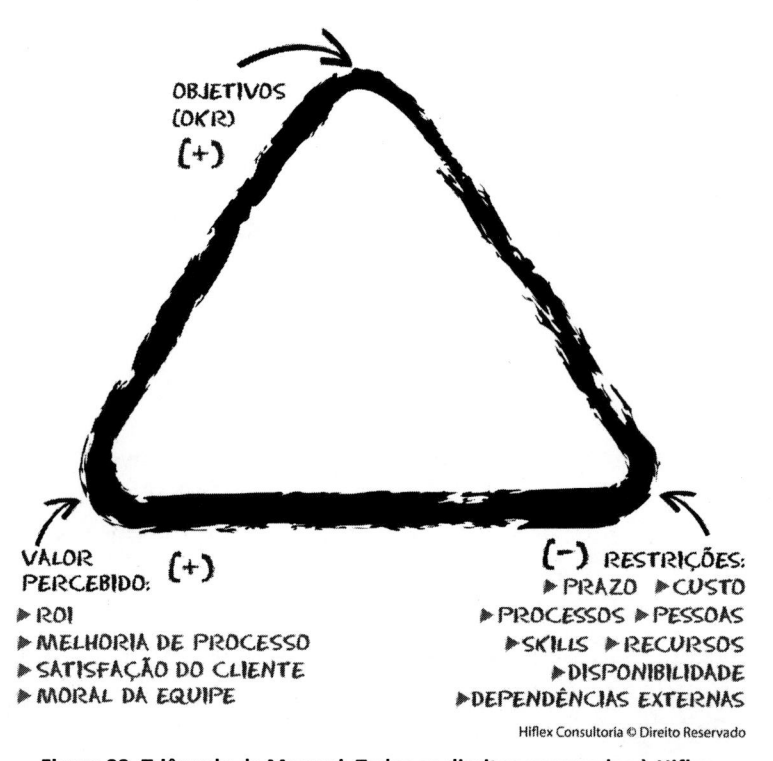

Figura 23. Triângulo de Massari. Todos os direitos reservados à Hiflex.

Para iniciar, os facilitadores devem orientar os grupos com relação aos quatro possíveis tipos de sondagem gerados pelas ações:

♦ **Criar restrição:** caso a falta de restrições esteja gerando impactos no sistema. Exemplo: necessidade de criação de um processo de priorização de demandas.

◆ **Otimizar restrição:** diminuir o tempo ou a rigidez da restrição. Exemplo: reduzir o ciclo de tempo do processo da área de compras.

◆ **Eliminar restrição:** retirar a restrição efetivamente do sistema. Exemplo: aquisição de ferramenta de gestão substituindo soluções caseiras atualmente utilizadas.

◆ **Adequação à restrição:** minimizar o impacto de uma restrição no sistema. Exemplo: planejar capacidade reserva (*buffer*) de tempo para demandas não planejadas e solicitadas por órgãos regulatórios que precisam ser tratadas assim que chegam.

Após a contextualização dos tipos de sondagens, cronometramos aproximadamente entre cinco e sete ciclos de 10~15 minutos cada, para que cada grupo comece a discutir e a anotar as ações em *post-its* amarelos.

Os facilitadores devem ressaltar que as ações deverão ser SMART:

◆ *Specific* **(S): específicas** – Não podemos ter ações dúbias ou difíceis de ser interpretadas.

◆ *Measurable* **(M): mensuráveis** – Os resultados das ações podem ser medidos, seja quantitativamente ou qualitativamente.

◆ *Attainable* **(A): atingíveis** – Ações viáveis e factíveis de ser realizadas.

◆ *Relevant* **(R): relevantes** – Ações que realmente irão impactar nas restrições desejadas.

◆ *Time-Bound* **(T): tempo determinado** – Ações que possuem uma estimativa de término prevista.

Na etapa seguinte, todos os grupos juntos discutem suas visões e colam os *post-its* de ações na parede, cartolina, quadro branco, *flipchart* ou quadro virtual. Nesse primeiro momento os grupos não devem se preocupar com prioridades, dependências, esforço e complexidade; é mais importante agrupar e identificar ações similares ou iguais que grupos diferentes podem ter adicionado ou relacionar a ação à restrição que se espera impactar. Esta etapa também deve ser cronometrada entre três e cinco ciclos de 10~15 minutos cada.

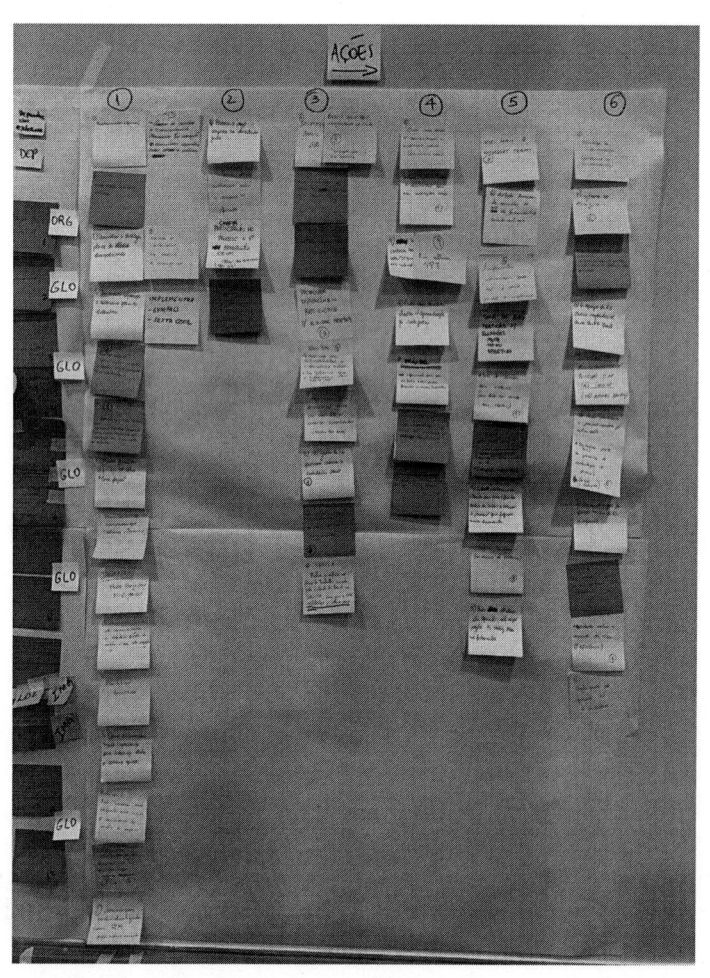

Figura 24. Foto de um *case* real de ações espalhadas sem priorização e categorização. Todos os direitos reservados à Hiflex.

É possível observar na figura anterior que as ações foram agrupadas pelas restrições que se pretendem impactar e identificadas pelos números de 1 a 6.

Com as ações de sondagem mapeadas, é necessário avaliar o esforço e o impacto de cada ação. Costumamos utilizar a técnica de matriz de esforço e valor inspirada na utilização definida na *Lean Inception*, processo criado por nosso amigo e mentor Paulo Caroli. Para o Business Agility Inception®, utilizamos a seguinte nomenclatura:

- ◆ E – Ações de até uma semana
- ◆ EE – Ações de até duas semanas
- ◆ EEE – Ações com duração maior que duas semanas
- ◆ \$ – Ações de baixo impacto
- ◆ \$\$ – Ações de médio impacto
- ◆ \$\$\$ – Ações de alto impacto

Com isso teremos uma matriz com nove possíveis opções para cada ação de sondagem, conforme figura a seguir:

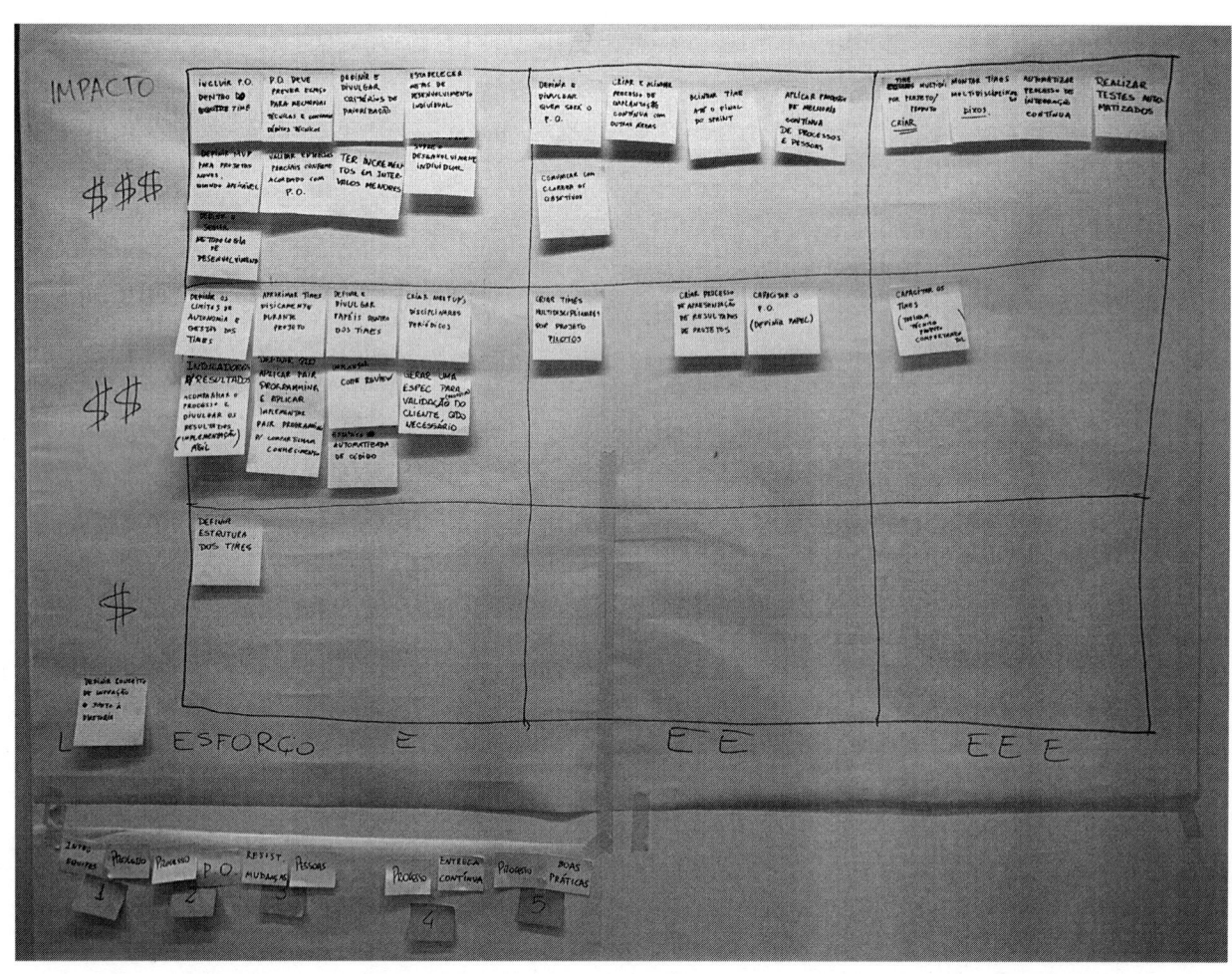

Figura 25. Foto real de uma matriz de esforço e complexidade, já com algumas ações de sondagem distribuídas. Todos os direitos reservados à Hiflex.

Podemos observar na figura anterior uma matriz de esforço e complexidade, desenhada em uma folha de *flipchart*, onde as ações de sondagem foram distribuídas considerando na horizontal o impacto, sendo neste caso real $ (pouco impacto), $$ (médio impacto) e $$$ (alto impacto), e na vertical o esforço, sendo E (pouco esforço), EE (médio esforço) e EEE (alto esforço).

Os participantes devem anotar o esforço e o impacto em cada *post-it* de ação de sondagem, prestando sempre atenção principalmente nas ações E$$$ (baixo esforço e alto impacto), que possivelmente serão ações candidatas a ser as prioritárias, e EEE$ (alto esforço e baixo impacto) que possivelmente serão ações que poderão ser descartadas.

Figura 26. Foto real de ações distribuídas por esforço e impacto. Todos os direitos reservados à Hiflex.

Na figura anterior é possível observar uma pequena variação da matriz de esforço e impacto, onde temos as ações de maior impacto e menor esforço apontadas com a seta de número 1, e o conjunto de ações de sondagem com médio impacto e médio esforço apontados pela seta de número 2.

Na etapa seguinte, devemos avaliar a complexidade, e para isso utilizaremos o *framework Cynefin*™, devidamente contextualizado no início desta obra.

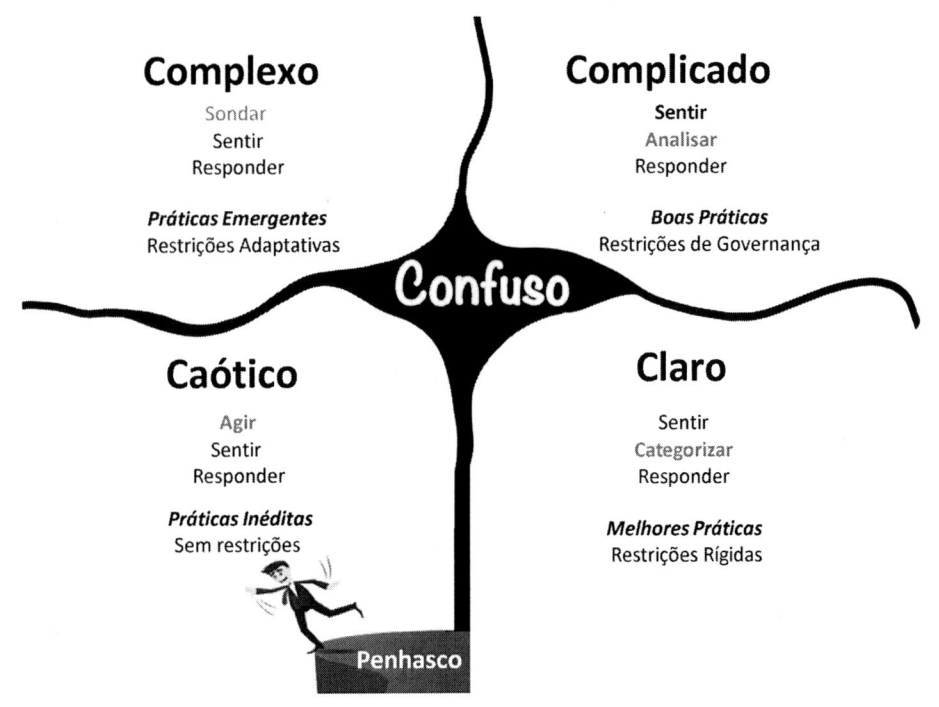

Figura 27. *Framework Cynefin*™ **– Traduzido e adaptado de David Snowden.**

Precisamos entender se as ações estão em um contexto claro, complicado, complexo ou caótico, de acordo com as definições a seguir:

- ♦ **Ações claras** – Ações altamente previsíveis, ou seja, conseguimos garantir que a execução dessas ações gerará o impacto e o resultado esperados nas restrições.
- ♦ **Ações complicadas** – Ações previsíveis, porém necessitam de análise de especialistas para garantir que as ações gerarão o impacto e o resultado esperado nas restrições.
- ♦ **Ações complexas** – Ações imprevisíveis cujo impacto e resultado esperado nas restrições não é garantido, podendo inclusive gerar novas ações.
- ♦ **Ações caóticas** – Ações imprevisíveis, porém urgentes. A urgência pode ser determinada por acontecimentos como: alta evasão de clientes, empresa com prejuízo constante, empresa prestes a falir ou fechar.

Para essa análise de complexidade, vamos utilizar uma técnica da Cognitive Edge, empresa curadora do *framework Cynefin*™ chamada *Linear Cynefin*. Nesta técnica distribuímos as ações em uma linha que se inicia de forma convexa e termina de forma côncava, onde a ação mais previsível é posicionada no canto inferior direito da linha e a ação mais imprevisível no canto inferior esquerdo da linha. As ações então devem ser posicionadas no sentido anti-horário, das mais previsíveis para as menos previsíveis.

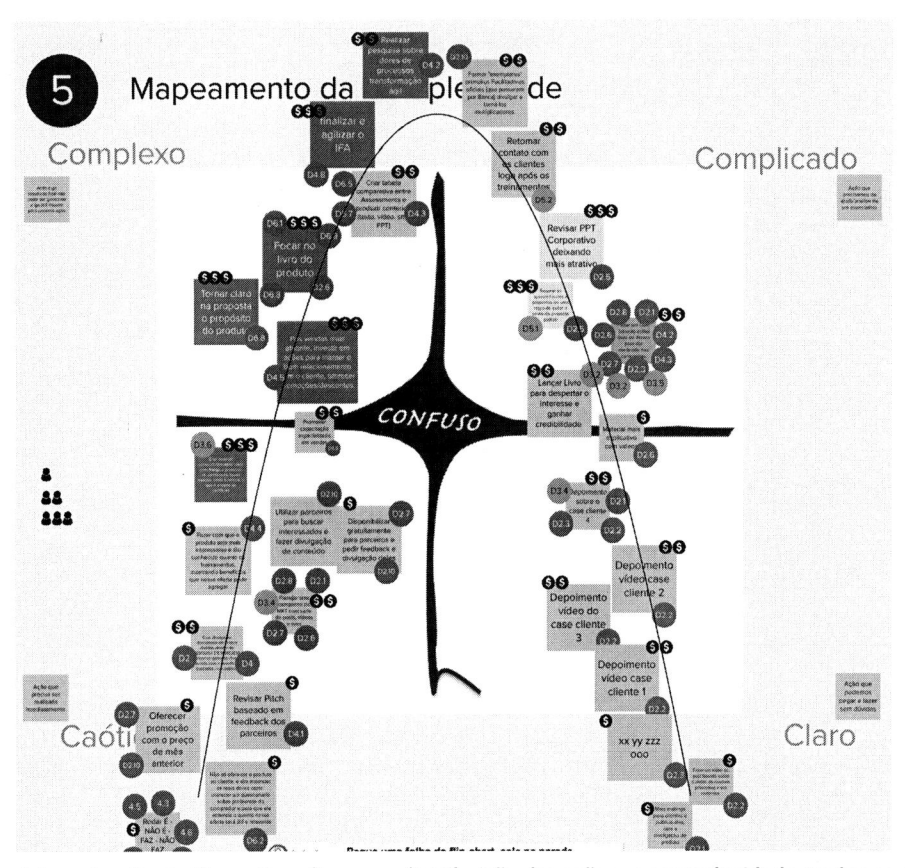

Figura 28. Captura de tela real de aplicação do *Linear Cynefin* com a distribuição das ações por complexidade. Todos os direitos reservados à Hiflex.

Depois precisamos estabelecer uma linha divisória que separa as ações previsíveis das ações imprevisíveis, conforme exemplo a seguir.

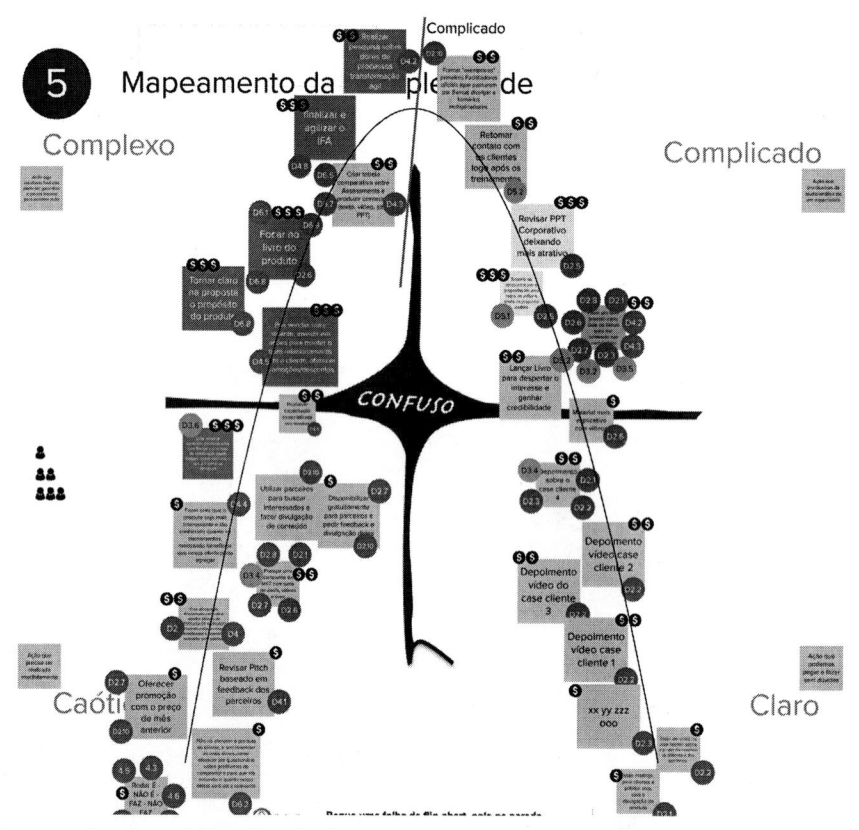

Figura 29. Captura de tela real de aplicação do *Linear Cynefin* com a distribuição das ações por complexidade, com a separação das ações entre previsível e imprevisível. Todos os direitos reservados à Hiflex.

Observando a figura anterior, podemos ver uma linha próxima à divisória do *Cynefin* que separa o domínio Complexo do Complicado; é a divisão entre previsível e imprevisível.

Na próxima etapa, devemos analisar o lado previsível e incluir outra linha divisória separando as ações claras (aquelas que podemos executar e sabemos o resultado) das ações complicadas (aquelas que dependemos de especialistas para executar).

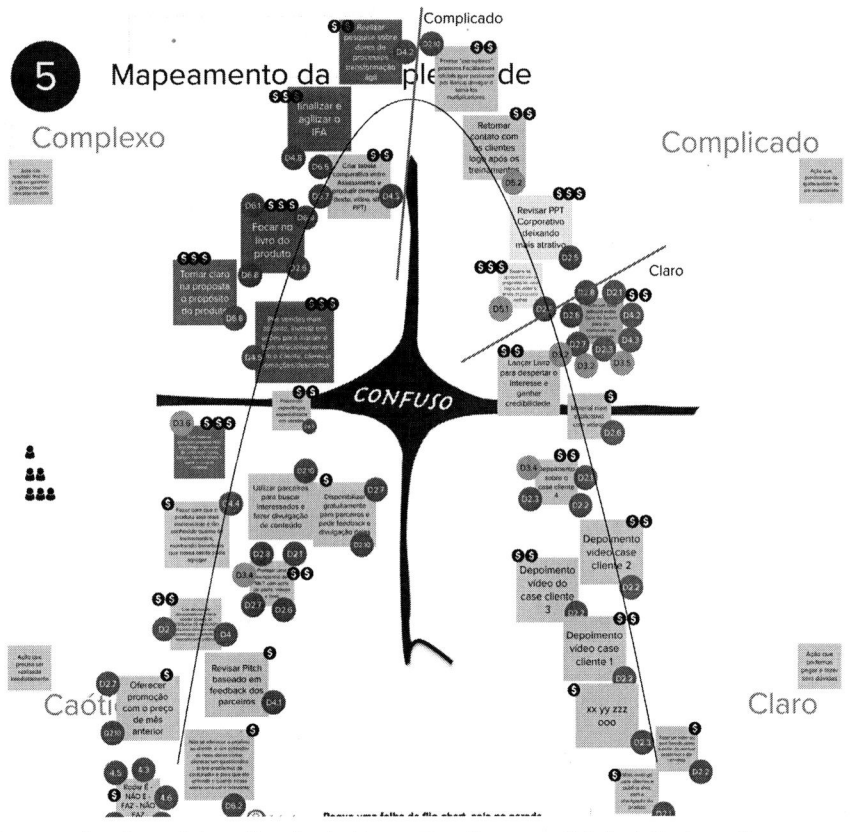

Figura 30. Captura de tela real de aplicação do *Linear Cynefin* com a distribuição das ações por complexidade, com a separação das ações entre claro e complicado. Todos os direitos reservados à Hiflex.

Observando a figura anterior, podemos ver uma segunda linha no domínio Complicado; é a divisão entre claro e complicado.

E, por fim, devemos analisar o lado imprevisível e incluir outra linha divisória separando as ações complexas (ações cujo resultado final não é garantido) das ações caóticas (aquelas altamente imprevisíveis, porém urgentes).

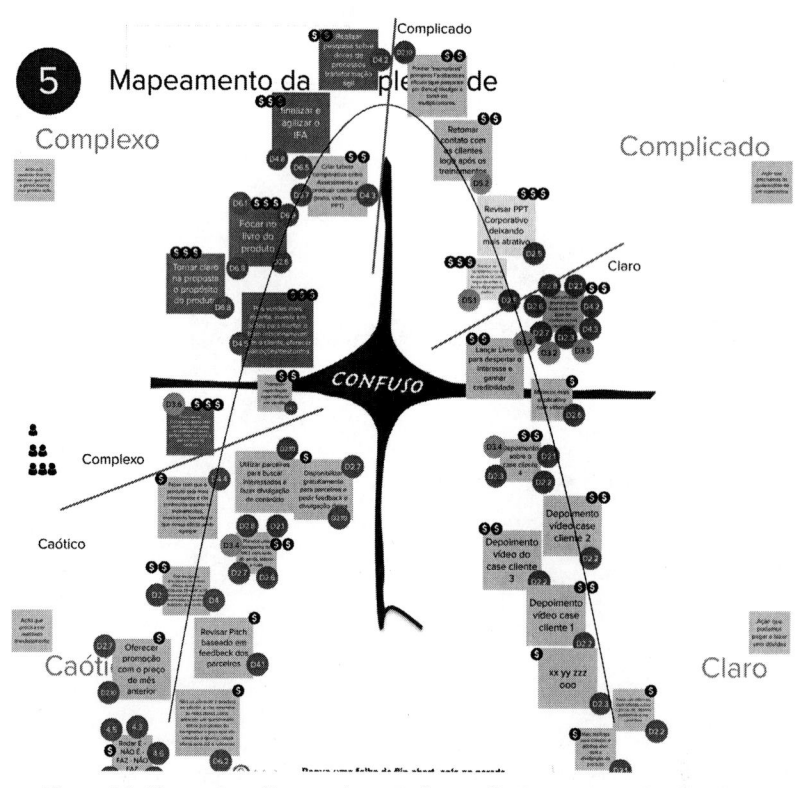

Figura 31. *Linear Cynefin* completo. Todos os direitos reservados à Hiflex.

Observando a figura anterior, podemos ver uma terceira linha no domínio Caótico; é a divisão entre Complexo e Caótico.

Note que o *Cynefin*™ é apenas um pano de fundo; o que determina a complexidade das ações de sondagem é o *Linear Cynefin* e as três linhas divisórias adicionadas.

Um ponto ao qual os facilitadores devem estar sempre atentos: monitorar excessos de ações em algum domínio específico, em especial nos domínios Caótico, Claro e Complexo, onde três cenários podem se configurar:

1. Caso tenhamos muitas ações no domínio Caótico, o facilitador deve questionar se realmente a empresa está em uma situação de crise a ponto de várias ações serem imediatas e que não devem esperar.
2. Caso tenhamos muitas ações no domínio Claro, o facilitador deve questionar se realmente é tão simples a resolução das dores organizacionais, e, em especial, por que não foram resolvidas ainda?
3. Caso tenhamos muitas ações no domínio Complexo, o facilitador deve atentar se a situação da empresa é tão desconhecida assim e se nenhuma ação teria resultado esperado.

Nesse momento, combinando os resultados das figuras 26 e 31, temos um primeiro sentimento sobre de onde sairá o Plano de Ação Mínimo Viável da nossa transformação, que será basicamente a relação das ações de menor esforço e médio e alto valor (identificadas na distribuição de esforço e impacto mostrado na Figura 26) com as ações de complexidade caótica, clara e complicada na distribuição do Cynefin Linear (mostradas na Figura 31). Fique tranquilo que tratamos melhor do MVPA nos próximos passos.

Antes de concluirmos este passo, queremos deixar uma dica de como realizar essa distribuição de ações usando uma variação do *Cynefin Linear* que também temos usado e tem funcionado muito bem: é o que chamamos de *Cynefin Linear* baseado em dúvidas.

Conforme pode ser visualizado na imagem a seguir, além do *Cynefin* de fundo e a ferradura para distribuição das ações por complexidade que você já conhece, temos divisões destacadas e pré-marcadas ao longo da ferradura para ajudar a posicionar as ações a partir de três categorias de dúvidas e três tamanhos predefinidos.

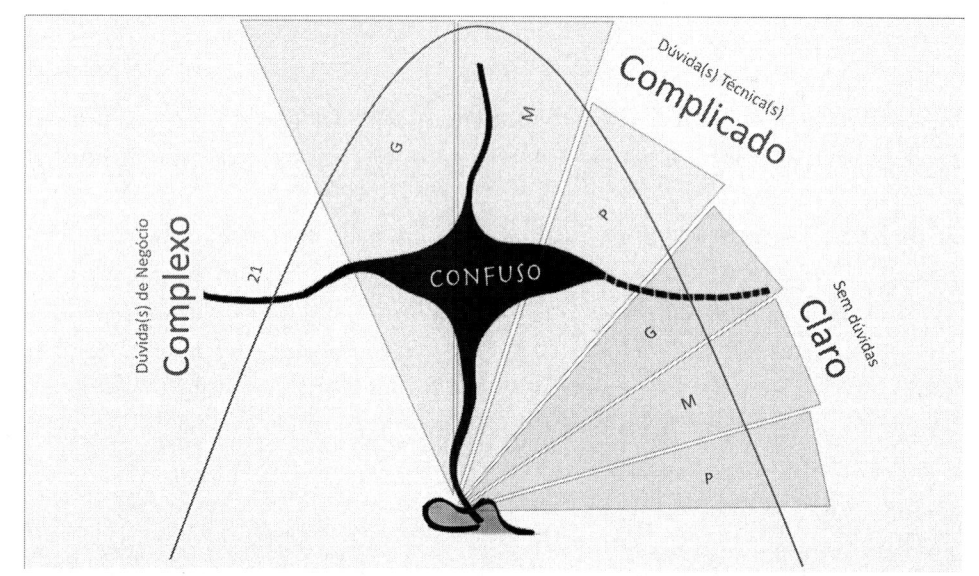

Figura 32 – *Linear Cynefin* baseado em dúvidas. Todos os direitos reservados à Hiflex.

O *Cynefin Linear* baseado em dúvidas contribui para uma fácil distribuição das ações ao longo da ferradura com o apoio das categorias de dúvidas, perguntando sempre se há alguma dúvida em relação à realização da ação e/ou resultado da ação, podendo ser três as opções possíveis:

1. **Sem dúvidas – Claro:** quando não há nenhuma dúvida técnica ou de negócio em relação à realização da ação e/ou ao(s) resultado(s) esperado(s) pela ação quando completada, então a ação deve ser posicionada sobre o

espaço que aparece na imagem como "Sem dúvidas – Claro". Exemplo: "para esta ação não temos nenhuma dúvida técnica ou de negócio, pois é algo que fazemos sempre e já entrou no modo de repetição, com resultados esperados conhecidos".

2. **Com dúvidas técnicas – Complicado:** quando há dúvidas técnicas em relação à realização da ação e/ou ao(s) resultado(s) esperado(s) pela ação quando completada, então a ação deve ser posicionada sobre o espaço que aparece na imagem como "dúvida(s) técnica(s) – Complicado". Exemplo: "não conhecemos a tecnologia em questão e não sabemos como iremos implementar a solução com essa tecnologia. Precisamos pesquisar ou fazer testes".

3. **Com dúvidas de negócio – Complexo:** quando há dúvidas de negócio em relação à realização da ação e/ou ao(s) resultado(s) esperado(s) pela ação quando completada, então a ação deve ser posicionada sobre o espaço que aparece na imagem como "dúvida(s) de negócio – Complexo". Exemplo: não dominamos o negócio em questão e não temos como garantir se o cliente gostará da solução ou mesmo se resolverá o seu problema na prática. Precisamos validar hipóteses e dependeremos o *feedback* do cliente".

Ainda para as categorias "Sem dúvida – Claro" e "Com dúvidas técnicas – Complicado", é possível posicionar as ações em relação ao tamanho relativo da ação e ao esforço esperado para realização da ação, assim:

1. **P – Pequeno:** o tamanho relativo da ação é considerado pequeno, ou o esforço para realizar a ação é considerado pequeno. Exemplo: "estimamos que esta ação precise de aproximadamente um dia para ser realizada".

2. **M – Médio:** o tamanho relativo da ação é considerado médio, ou o esforço para realizar a ação é considerado médio. Exemplo: "estimamos que esta ação precise de aproximadamente uma semana para ser realizada".

3. **G – Grande:** o tamanho relativo da ação é considerado grande, ou o esforço para realizar a ação é considerado grande. Exemplo: "estimamos que esta ação precise de um mês ou mais para ser realizada".

Com isso chegamos ao final do terceiro passo do *framework* Business Agility Inception®, onde temos subsídio para definirmos a nossa estratégia de sondagem e priorização.

8.
Passo 4 – Roteiro de ações e definição dos próximos passos

No quarto passo do *framework* Business Agility Inception®, temos como objetivo ordenar e priorizar as ações em um *roadmap*, já traçando uma estratégia para sondar o ambiente. Esse *roadmap* e a estratégia de sondagem, que também podemos entender como estratégia de implementação de ações, é o que chamamos de MVPA.

A partir das ações de sondagem mapeadas no passo 3, os participantes deverão priorizar as ações considerando os seguintes horizontes de tempo sugeridos:

♦ **Semana 1** – Ações que podem ser iniciadas na primeira semana após o término do processo do Business Agility Inception®.

♦ **Semana 2** – Ações que podem ser iniciadas na segunda semana após o término do processo do Business Agility Inception®.

♦ **Semana 3** – Ações que podem ser iniciadas na terceira semana após o término do processo do Business Agility Inception®.

♦ **Semana 4** – Ações que podem ser iniciadas na quarta semana após o término do processo do Business Agility Inception®.

◆ **Mês 2** – Ações que podem ser iniciadas no segundo mês após o término do processo do Business Agility Inception®.

◆ **Mês 3** – Ações que podem ser iniciadas no terceiro mês após o término do processo do Business Agility Inception®.

◆ *Backlog* – Ações que podem ser iniciadas a partir do terceiro mês após o término do processo do Business Agility Inception®. Por considerarmos muito distante, deixaremos estacionadas até que pelo menos um ciclo de MVPA seja realizado completamente.

6 Roadmap de Ações

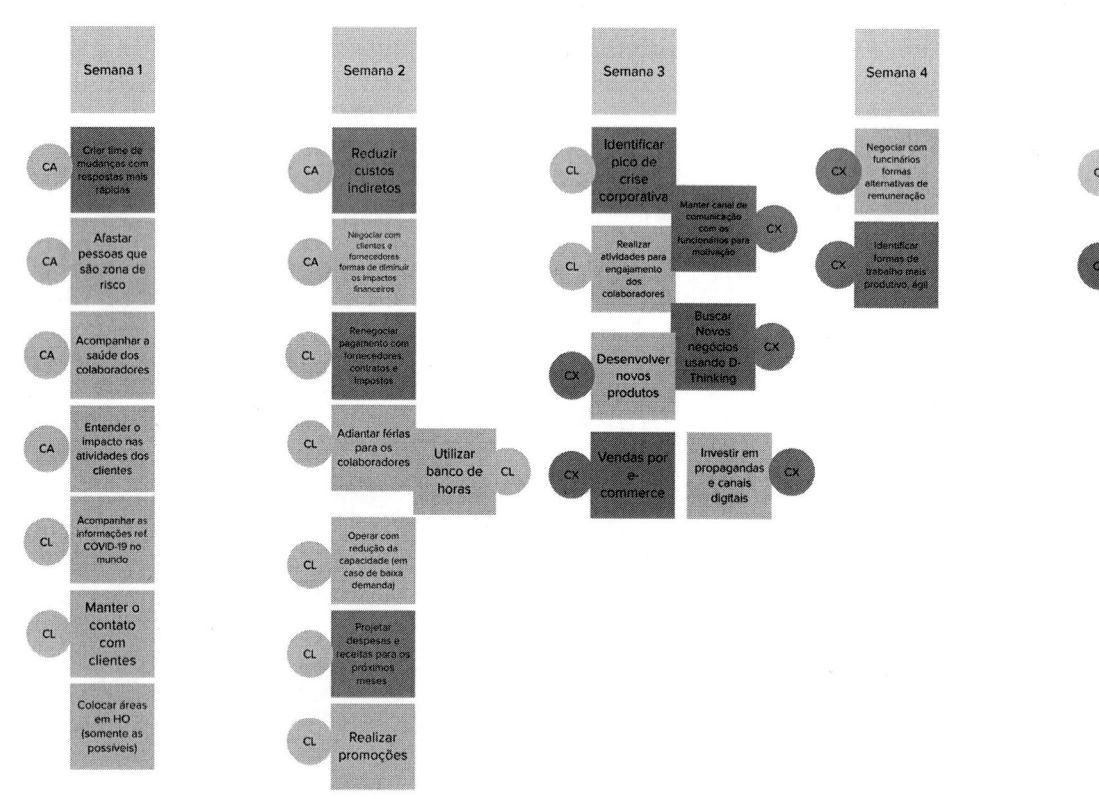

Figura 33. Captura de tela real de *roadmap* de ações. Todos os direitos reservados à Hiflex.

Na figura anterior podemos observar um *roadmap* de ações montado remotamente na ferramenta Mural.co, onde o grupo distribuiu as ações da semana 1 a 4, além de mês 2, mês 3 e uma última coluna que foi considerada como *backlog*, ou seja, ações que serão revisitadas após os primeiros três meses que estão contidos no MVPA inicial. O grupo também colocou a referência de complexidade de cada ação, sendo CA para Caótica, CX para Complexa e CP para Complicada e CL para Clara.

Figura 34. Foto real de *roadmap* de ações. Todos os direitos reservados à Hiflex.

O foco da priorização, estratégia de sondagem e *roadmap* inicial de *business agiliy* (que chamaremos aqui de MVPA) deverá estar concentrado principalmente nas ações das quatro primeiras semanas – e, quando houver, o mês 2 e o mês 3. A sugestão é que no máximo ações contidas nos três primeiros meses façam parte do MVPA inicial. As ações que serão iniciadas após as primeiras quatro semanas, conforme Figura 34, ou após o mês 3, conforme Figura 33, devem constar em um *backlog* de ações, mas sem tanto esforço de priorização. Os facilitadores devem reforçar para o grupo que o processo de realização das ações de sondagem, onde espera-se gerar melhorias, deve ser interativo e incremental, e que as primeiras ações realizadas irão gerar aprendizados que poderão impactar nas ações seguintes.

"Mas, Vitor e Fábio, qual o motivo de não priorizar essas ações de médio e longo prazo e não ter um grande cronograma determinístico dessas ações?". Justamente por estarmos trabalhando com sondagens e não planos determinísticos. O propósito do *framework* Business Agility Inception® não é criar o plano perfeito, imutável e replicável, e sim entender as ações emergentes que aumentarão as probabilidades de impactar o sistema organizacional, minimizando as restrições e tornando a organização mais apta para entregar resultados obtendo o real *Business Agility*.

Por isso, é quase certo que o resultado das ações das primeiras semanas irá gerar repriorizações e mudanças no *roadmap* de ações futuras orginalmente mapeadas. Essa é a ideia central do MVPA, reforçando especialmente o conceito de Mínimo Viável, que explora o planejamento e a execução de um plano mínimo e não de um plano máximo.

Sobre a estratégia de sondagem que gerará o MVPA, o grupo deve definir o que faz mais sentido para seu contexto. Algumas opções a serem consideradas, mas não limitadas a:

- ♦ Iniciar com as ações Claras com esforço pequeno (E) e grande impacto ($$$).
- ♦ Iniciar com as ações Caóticas para sanar problemas urgentes e que não podem esperar.
- ♦ Iniciar com as ações Complexas para obter *feedbacks* rápidos e validar hipóteses.
- ♦ Iniciar com as ações de esforço pequeno (E) e grande impacto, independentemente do contexto da ação, gerando *quick wins*.

◆ Iniciar com as ações associadas a alguma restrição que está sendo a grande geradora de dores do sistema, impedindo *Business Agility*.

Os participantes deverão colocar os *post-its* no *roadmap* inicial de *business agility* na parede, cartolina, quadro branco, *flipchart* ou quadro virtual e os facilitadores deverão cronometrar tempos de 10 a 15 minutos e verificar o andamento dos trabalhos e das discussões, além de atentar para alguns pontos importantes:

◆ Todas as ações devem ter um responsável ou grupo de responsáveis.
◆ Excesso de ações de muito esforço (EEE) nas primeiras semanas.
◆ Excesso de ações Complexas nas primeiras semanas.
◆ Quantidade de ações não factíveis com a atual carga de trabalho dos participantes em outras demandas da organização.
◆ Excesso de otimismo ou cautela no *roadmap* das ações.
◆ Ações genéricas demais que não levam a lugar nenhum, exemplo: "motivar as pessoas", "planejar mais", "melhorar a qualidade". Nesse caso, os facilitadores precisam provocar o grupo a escrever ações objetivas, explicando o que será realmente realizado para "planejar mais", como, por exemplo, instituir cerimônias de planejamento com frequência, responsável e participantes definidos.

No final deste passo, teremos o MVPA completo desenhado. É fundamental a presença dos executivos e patrocinadores da mudança organizacional que participaram do primeiro passo do processo, para verificação do que foi realizado até o momento e *feedback* dos trabalhos, principalmente validando as expectativas alinhadas inicialmente. Geralmente reservamos em torno de duas horas para essa agenda com os executivos e patrocinadores.

Também se discutem as ações imediatas e se decide quais já podem ser executadas no quinto e último passo do *framework* Business Agility Inception®, com auxílio e *mentoring* dos facilitadores.

9.
Passo 5 – Revisão final e apresentação

Finalmente chegamos ao quinto e último passo do *framework* Business Agility Inception®, onde começamos a selecionar algumas ações discutidas no passo anterior que foram priorizadas para compor o MVPA e efetivamente sondar e já entender quais mudanças podem ser geradas no sistema organizacional. Esse é o grande diferencial deste *framework*, diferentemente de processo de diagnósticos tradicionais, onde simplesmente são entregues relatórios frios e pouco práticos e geralmente a consultoria desaparece no dia seguinte como uma espécie de "Mestre dos Magos"[8] deixando o cliente sozinho sem entender o que fazer e nem por onde começar.

Algumas ações comumente originadas dos passos anteriores poderão ser as seguintes, mas não limitadas a, especialmente pela variedade de ambientes e de sistemas adaptativos complexos:

◆ Mapeamento da cadeia de valor de um determinado processo, área ou mesmo da organização.
◆ Análise de estrutura de equipes *versus skills* existentes.

---

[8] Mestre dos Magos é um personagem do desenho animado Caverna do Dragão, que geralmente dava pistas inúteis para os personagens principais e desaparecia na hora em que mais se precisava dele.

- Análise de perfil de liderança.
- Revisão de indicadores e métricas.
- Revisão de *frameworks* e métodos.
- Análise de melhores abordagens por projeto e/ou portfólio.
- Revisão do planejamento estratégico.
- Formação do *Enterprise Business Agility Team*.

É importante reparar que, pelo fato de termos vários possíveis cenários para iniciar a sondagem do sistema organizacional, é fundamental que os facilitadores possuam:

- Uma boa base prática e teórica dos *frameworks* e métodos de gestão (ágil ou não) do mercado, mantendo-se agnósticos com relação à preferência de métodos.
- Experiência com análises de processo utilizando *Lean*.
- Experiência em facilitação de planejamentos estratégicos.
- Entendimento de sistemas adaptativos complexos.
- Experiência com remodelagens organizacionais.

A seguir vamos abordar como conduzir alguns dos possíveis cenários de sondagem.

Mapeamento da cadeia de valor de um determinado processo, área ou mesmo da organização

Em um dos clientes que aplicamos o *framework* Business Agility Inception®, ainda no passo 4, iniciamos o mapeamento da cadeia de valor do processo de desenvolvimento de software de ponta a ponta (*end-to-end*), ou seja, desde o momento da prospecção, passando pelas etapas de venda, planejamento, desenvolvimento, subetapas de testes e homologação existentes, implantação e liberação para o cliente, chegando até o suporte, a manutenção e o atendimento ao cliente.

Para esse mapeamento utilizamos o *Value Stream Mapping* (VSM), que tem origem no *Lean* e permite desenhar processos de trabalho e entender o que é eficiente e/ou eficaz e também onde estão os gargalos e problemas do fluxo que precisam ser tratados.

Foi uma das análises de processo organizacional mais interessantes que já realizamos. Separamos os quase 40 participantes em três grandes grupos multidisciplinares que focaram na análise de três grandes macroprocessos:

1. Vendas, incluindo prospecção e relacionamento com o cliente.
2. Desenvolvimento, incluindo planejamento, codificação, testes e homologação.
3. Implantação e suporte, incluindo liberação do produto para o cliente, central de atendimento e manutenção do produto em funcionamento.

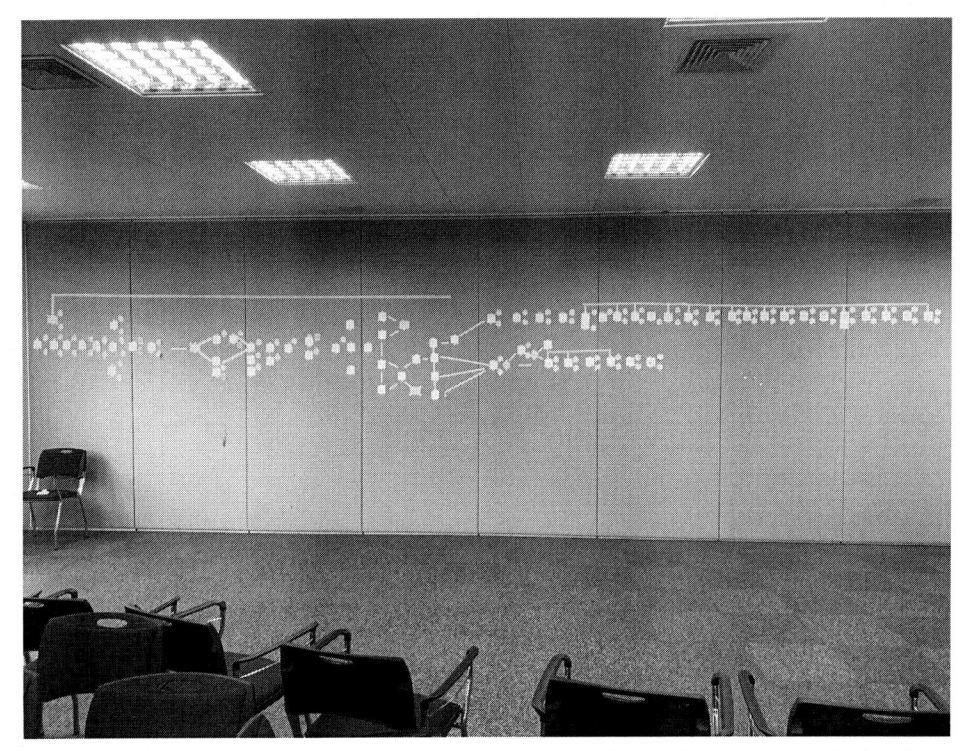

Figura 35. Foto real de mapeamento da cadeia de valor. Todos os direitos reservados à Hiflex.

Cada um dos grupos, contendo pessoas de todas as áreas envolvidas, analisou a parte do processo que lhe foi designada e foi desenhando e mapeando as etapas do processo com *post-its* na parede, de maneira sequencial e lógica.

Como pode ser observado na figura anterior, os grupos desenharam as suas etapas individualmente e conectaram com as etapas seguintes, montando um único e longo processo ponta a ponta.

Após desenharem o fluxo, ou seja, representarem cada etapa do processo com um *post-it* amarelo, e as esperas entre uma etapa e outra com um *post-it* rosa, o grupo identificou os tempos de cada etapa e sua espera.

Como facilitadores, orientamos os grupos a identificar os dois tipos de etapas do processo: a etapa que gera valor e a etapa de espera, utilizando a seguinte regra:

> Cada etapa que tem uma ação que contribui para o resultado do processo todo, que é realizada por uma pessoa ou uma equipe, e que trabalha diretamente para o processo em questão entregar o seu resultado para o seu cliente, é uma etapa que gera valor. Já aquela etapa que fica entre uma ação realizada e outra, aguardando que alguém a realize, é considerada espera.

Por exemplo, quando uma pessoa está escrevendo um e-mail essa ação é considerada de geração de valor até o momento em que a pessoa clica em enviar o e-mail. No momento de envio do e-mail, a etapa de escrever o e-mail se encerra e automaticamente se inicia a etapa de espera, que só vai terminar quando a pessoa que recebeu o e-mail iniciar a sua leitura.

Após os participantes entenderem esse conceito e definirem o que gera valor e o que é espera, passaram a determinar os tempos de cada etapa. Essa parte dos tempos é importante para que seja calculada a eficiência do processo que veremos mais adiante.

Neste cenário em questão cada grupo calculou também a eficiência de cada macroetapa: vendas, desenvolvimento e implantação e suporte.

Pedimos para cada grupo apresentar o que havia mapeado, e nesse momento as surpresas para os outros grupos começaram.

O primeiro grupo, que havia mapeado o processo de vendas, apresentou uma eficiência de 36% e em especial frisou problemas de espera de mais de 1 ano por retornos de demandas das equipes de desenvolvimento, e que parte das demoras nos retornos gerava a baixa eficiência do seu processo. Eles não conseguiam dar respostas para os clientes devido às demoras de desenvolvimento.

O segundo grupo, que havia mapeado o processo de desenvolvimento, apresentou uma eficiência de 68% e em especial reforçou problemas de espera nas respostas de dúvidas de vendas e no fato de prazos e definições muitas vezes chegarem sem possibilidade de alterações, além de afirmarem que parte da sua baixa eficiência era por culpa da equipe de vendas e que não tinha nada no seu *backlog* com mais de seis meses esperando, que tudo que chegava até o desenvolvimento era entregue antes disso.

O terceiro grupo, que havia mapeado o processo de implantação e suporte, apresentou uma eficiência de 38%, alegando em especial que não era envolvido nas etapas de desenvolvimento e que recebia um novo produto sem conhecê-lo e sem receber devido treinamento e acompanhamento, tanto por parte do desenvolvimento quanto por parte de vendas, e o que seu processo era eficiente o máximo que podia e que a partir desse ponto era necessário que os outros mexessem em seus processos.

Nós então paramos tudo e provocamos o time todo a fazer a seguinte reflexão: o que está acontecendo que para cada grupo individualmente a eficiência não está tão ruim e os problemas não estão dentro de seus processos, mas fora, nos processos dos outros?

Todos se olharam por alguns segundos e alguns começaram a se justificar. Obviamente, houve uma grande tensão no ar e várias discordâncias, até que chegamos a uma concordância de que havia algo misterioso e que não batia com os fatos no fluxo e que precisava de uma explicação: o primeiro grupo afirmou que havia trabalhos há mais de 1 ano parados no desenvolvimento; por outro lado, o desenvolvimento afirmou que não tinha nada em seu *backlog* com mais de seis meses.

Quem falava a verdade? Chegamos à conclusão de que todos diziam a verdade, e que o problema eram demandas perdidas no meio do caminho que saíam da área de vendas, mas não chegavam na área de desenvolvimento. Este problema o grupo rapidamente apelidou de "Herbie", o menino gordinho do livro "A Meta", de autoria de Eliyahu Goldratt.

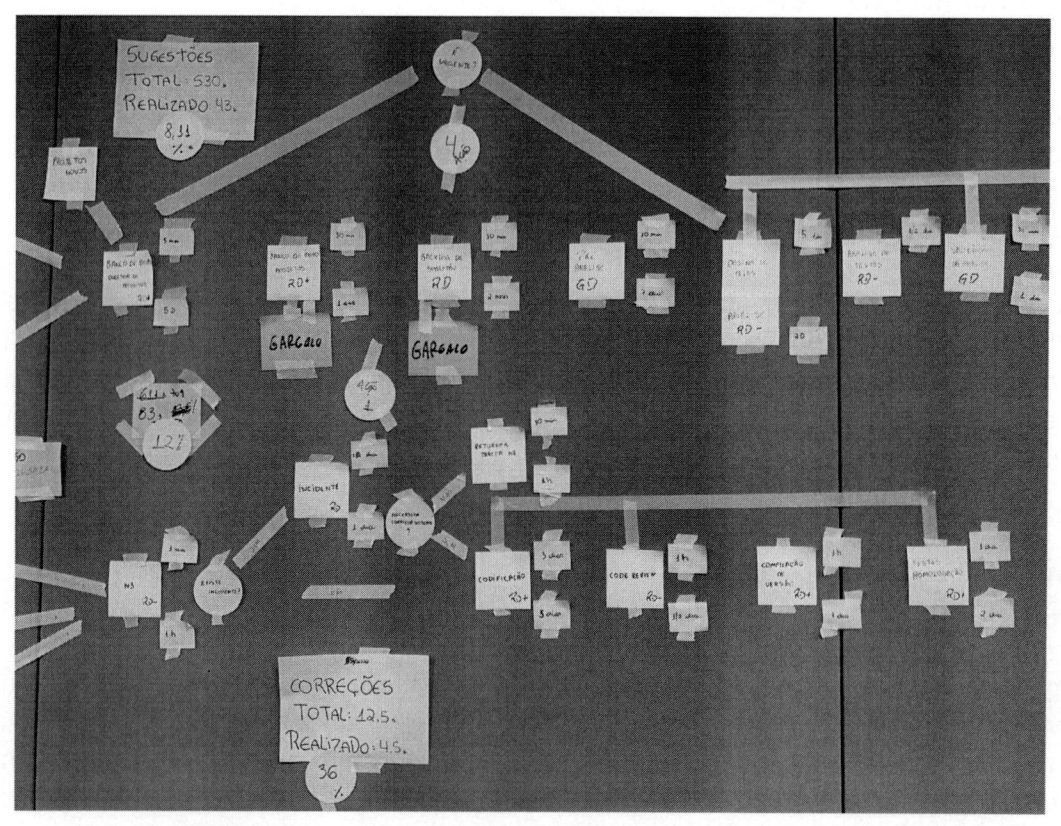

Figura 36. Foto real de mapeamento da cadeira de valor. Todos os direitos reservados à Hiflex.

A figura anterior mostra os gargalos e os processos ao redor do local em que o "Herbie" foi perdido. Além das marcações de RD (Rasga Dinheiro) e GD (Ganha Dinheiro), expressões que viraram marca registrada da Hiflex para ilustrar etapas de processo que geram desperdícios e por isso são consideradas **#RasgaDinheiro** e as etapas que geram valor e entregam resultados que são consideradas **#GanhaDinheiro**.

Depois de várias discussões e revisões no processo, descobrimos que havia uma etapa de avaliação de demandas que filtrava e só passava para o desenvolvimento aquelas que estavam liberadas e aprovadas, e que várias outras ficavam congeladas e não voltavam para vendas nem como resposta. Por isso, para vendas alguns pedidos não eram retornados, porque ficavam parados nessa etapa de avaliação, e para o desenvolvimento só chegava o aprovado e que eles conseguiam entregar em até seis meses.

Esse é um excelente exemplo em que o cliente está esperando lá na ponta, frustrado e insatisfeito, e as áreas estão entregando bons resultados segundo as suas próprias análises.

Como encerramento desse cenário de sondagem, orientamos os grupos a analisar o processo em conjunto e propor melhorias, em especial para tratar o "Herbie" e outros ajustes menores que poderiam amenizar esperas ligadas a retornos entre as macroetapas do processo.

As propostas de melhoria chegaram a otimizar o fluxo em mais de 30%, se aplicadas conforme planejadas. Meses depois, os times obtiveram essas melhorias e puderam propor novas conforme o processo se otimizava e melhorava.

Análise de estrutura de equipes *versus skills* existentes

Em outro cliente que aplicamos o Business Agility Inception®, do primeiro para o segundo passo notamos algo estranho. Vamos explicar melhor contextualizando desde o início.

No primeiro passo, durante o *briefing* com os executivos, eles comentaram que os times insistiam em dizer que os principais problemas da empresa eram originados na falta de pessoal, sendo então uma das soluções possíveis o acréscimo de integrantes aos times de execução, seja por contratação ou realocação. Porém, os próprios executivos comentaram que não tinham certeza disso devido à falta de argumentos e fatos, e isso nos ligou um alerta.

Ainda no primeiro passo, já com o grupo, uma das principais dores que foram priorizadas e que estavam focando foi justamente a falta de profissionais qualificados e disponíveis para o trabalho dos times, e em vários momentos durante o passo 1 o grupo do Business Agility Inception® repete isso e insiste em querer resolver essa questão. Porém, juntamente com essa dor apareceram outras dores ligadas a qualidade do trabalho, produtividade, retrabalho e satisfação dos próprios integrantes dos times, o que nos fez acreditar que o problema não estava na falta de pessoas, mas em outro lugar. Porém, não podíamos afirmar isso ainda e muito menos queríamos desviar a atenção do grupo sem fortes argumentos.

No segundo passo, os trabalhos continuaram. Ao trabalharem objetivos, restrições e relacionarem com as dores, ficou evidente para eles mesmos que o problema não era o apontado no passo anterior, e quase em coro o grupo afirmou categoricamente durante a tarde: "caramba, nosso problema não é falta de pessoal! Nosso problema é o uso inadequado das pessoas em trabalhos que não favorecem suas habilidades e a estruturação e disposição incorreta dos times *versus* seus clientes".

Como o próprio grupo identificou isso? Bom, o relacionamento de objetivos com dores e de restrições com dores apontou que havia dores mais fortes e restrições mais importantes que a falta de pessoas, tais como: pessoas insatisfeitas com seus trabalhos, clientes insatisfeitos com o atendimento que recebiam, muitos e muitos erros cometidos em trabalhos tanto simples quanto complexos, lentidão demasiada em alguns tipos de trabalho que geravam gargalos, entre outros problemas. Nós, como facilitadores, provocamos o grupo para que discutissem um pouco mais essas dores e surgiu algo muito interessante.

Há mais de um ano eles haviam reestruturado e reorganizado as equipes por clientes, de modo que uma mesma pessoa ficasse responsável por atender a todos os projetos de um mesmo cliente, sendo que vários desses clientes possuíam projetos de diversas naturezas diferentes, desde os mais simples e repetitivos até os mais complexos e desconhecidos. Com isso, uma mesma pessoa tinha que ser capaz de trabalhar em projetos de diferentes naturezas e, em especial, projetos nos quais a pessoa não tinha uma habilidade e perfil natural para atuar, não se sentia bem e com isso fazia um mau trabalho que gerava erros e insatisfação, tanto da própria executora quanto de seu cliente final.

Foi então que no terceiro passo decidimos por aplicar o *framework Cynefin*, como ação de sondagem, para entender melhor os perfis das pessoas, a composição dos times e se realmente havia falhas que precisavam ser trabalhadas.

Figura 37. Foto real da distribuição de pessoas no *Cynefin* para identificação de perfis e estrutura de equipes atual. Todos os direitos reservados à Hiflex.

Como observado na Figura 37, orientamos o grupo a distribuir as pessoas de acordo com seu perfil predominante e os domínios do *Cynefin*, da seguinte maneira:

- **Domínio Óbvio** (na foto, atual Claro) – Distribuímos neste domínio as pessoas que têm perfil predominante para atuar em ambientes previsíveis repetíveis e que especialmente não se sentem frustradas em realizar trabalhos repetidos, e que, pelo contrário, se sentem bem e desafiadas a manter a qualidade, seguir processos e regras, e gostam de rotinas diariamente. As pessoas que gostam desse tipo de ambiente se sentem desmotivadas e tendem a travar e ser improdutivas em ambientes Complexos.
- **Domínio Complicado** – Distribuímos neste domínio as pessoas que têm perfil predominante para atuar em ambientes com uma alta previsibilidade e com uma dependência de especialistas, onde os próprios integrantes dos times podem ser esses especialistas, analisando situações e tomando decisões de acordo com as suas especialidades. Em especial, também consideramos as pessoas que, além de serem especialistas, se sentem bem nesse ambiente, sendo naturalmente analíticas, e gostando de ser, e não se incomodando em seguir processos, regras e rotinas regularmente.
- **Domínio Complexo** – Distribuímos neste domínio as pessoas cujo perfil predominante é da inovação, experimentação e do trabalho colaborativo para testar hipóteses e mudar constantemente, abrindo mão da rotina e de processos constantes, e se sentindo bem com isso – e mais, se sentindo desafiadas e impulsionadas. As pessoas que gostam desse tipo de ambiente se sentem desmotivadas e tendem a errar e ser lentas em ambientes Claros e Complicados.
- **Domínio Caótico** – Não foi identificada nenhuma pessoa com este perfil predominante. Buscamos pessoas que respondem bem a situações de crise, tomam decisões rápidas, assumem responsabilidades que muitas vezes não são suas para resolver problemas emergenciais e não se preocupam com consequências, desde que a crise esteja controlada. Além disso, são pessoas que se mantêm naturalmente calmas ou possuem intenso controle para atuar neste ambiente. As pessoas de outros domínios podem ter essas características, porém as que não têm e caem neste domínio tendem a ter um misto de desespero com pânico e apavoramento e não fazem nada certo; pelo contrário, tendem a levar a situação ainda mais para o caos.

Após todas as pessoas estarem distribuídas nos domínios que mais se encaixavam com seus perfis predominantes, o grupo refletiu sobre os projetos e trabalhos que cada uma realizava e confrontou também com os domínios, e foi nesse momento que ficou evidente a incorreta distribuição de equipes, perfis e projetos.

Como as pessoas estavam organizadas por clientes, havia projetos de diversos domínios para as mesmas pessoas, e isso fazia com que elas não desempenhassem bem. A sugestão foi uma redistribuição, onde as pessoas atuassem mais por tipos de projetos do que por clientes, sendo que os tipos de projetos deveriam se orientar por complexidade, seguindo os quatro domínios do *Cynefin*. Assim, uma nova ação de sondagem foi gerada e inserida no MVPA e no *roadmap* de ações.

O resultado esperado com essa nova ação era que cada pessoa estaria em seu ambiente natural, e seus perfis predominantes iriam se sobressair, tendo melhor desempenho, melhor satisfação e maior qualidade de resultado para seus clientes.

Meses depois o resultado foi maior do que o esperado, tendo *feedback* positivo dos próprios clientes em afirmarem que as entregas dos projetos estavam com melhor qualidade, menos erros e que se sentiam mais bem atendidos por profissionais mais engajados e comprometidos.

Análise de perfil de liderança

Em mais um cliente em que aplicamos o Business Agility Inception® tivemos um problema ligado às lideranças. O ambiente da empresa era híbrido, possuindo iniciativas ágeis e preditivas, além de projetos sendo executados e produtos sendo desenvolvidos, por isso encontramos gerentes ou líderes de projetos e *Scrum Masters* entre os líderes.

Um ponto que nos chamou a atenção, e que apareceu muito forte entre as dores do grupo que estava trabalhando no Business Agility Inception®, foi a insatisfação com a gestão e a liderança, e que a pressão era tão alta que a maioria tentava correr ou entrava em pânico e os problemas só aumentavam. Uma das consequências era o alto índice de *turnover* e a insatisfação dos clientes com a falta de entregas e compromissos não cumpridos.

Muitos comentavam que parte dos gerentes de projetos era estilo "capitão do mato" e que outra parte era composta de gerentes bonzinhos demais e que não se envolviam nos trabalhos, deixando tudo largado. Outros comentavam que parte dos *Scrum Masters* não estava preparada para o ágil e queria controlar tudo e tomar as decisões pelos times; e que outra parte deixava os times fazerem tudo que quisessem, e não se preocupava com performance ou desenvolvimento do time.

Os executivos e patrocinadores também estavam insatisfeitos com a liderança e deixaram escapar que estavam prestes a trocar boa parte deles, o que provavelmente envolveria demissões em massa.

Nós, facilitadores e sem viés ou interesses pessoais, ouvimos a todos e começamos o processo descrito pelo *framework* Business Agility Inception®. As dores evidenciaram os problemas já mencionados, mas trouxeram alguns novos que nos chamaram a atenção. Os líderes que estavam sendo criticados também se sentiam desmotivados, pressionados, fazendo trabalhos em que não acreditavam e já havia acontecido casos de alguns que pediram as contas por não suportarem os trabalhos que estavam realizando.

Entre os passos 1 e 3, debatemos e priorizamos dores, objetivos e restrições, além de relacionarmos tudo com tudo, e o cenário foi se clareando e mostrando para nós que as restrições principais estavam ligadas com as habilidades dos líderes, as funções que estavam realizando e os projetos ou produtos que estavam liderando.

Foi então que ficou claro para nós que deveríamos orientar o grupo a aplicar o *framework Cynefin*, como ação de sondagem, para entender melhor os perfis das lideranças e em que cenários estavam atuando para que pudéssemos validar se realmente havia falhas que precisavam ser trabalhadas.

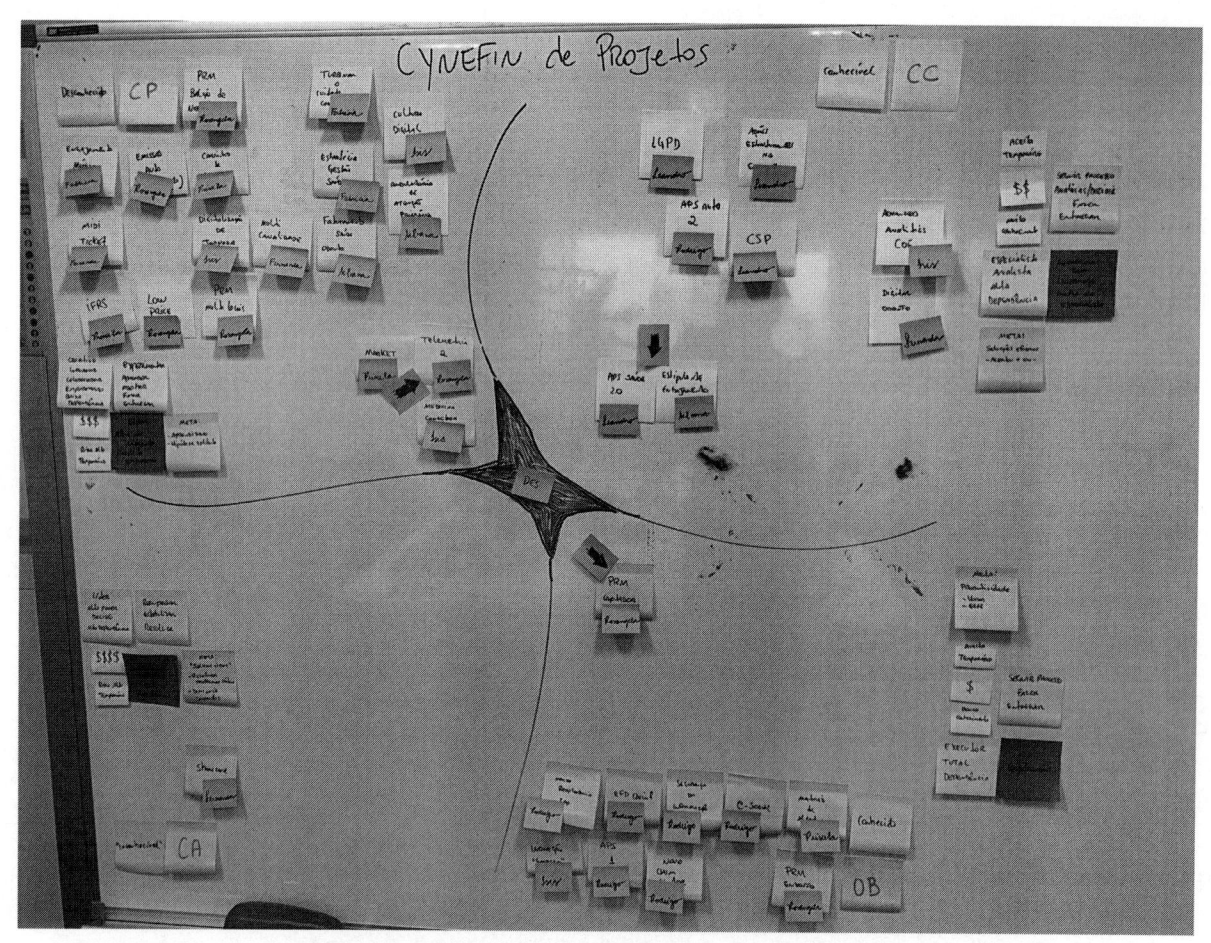

Figura 38. Foto real da distribuição de projetos, produtos e seus líderes no *Cynefin* para identificação correta de perfis de liderança. Todos os direitos reservados à Hiflex.

Como observado na Figura 38, primeiro orientamos o grupo a distribuir os projetos e produtos de acordo com os domínios do *Cynefin* da seguinte maneira:

- ◆ **Domínio Óbvio** (na foto, atual Claro) – Distribuímos neste domínio os projetos e produtos que o grupo considerava que o escopo, a tecnologia e o resultado final eram conhecidos e previsíveis, e com alta probabilidade de repetição seguindo premissas, processos, regras e restrições anteriormente aplicados. Usamos neste caso os *post-its* grandes e verdes para identificar as iniciativas do domínio Claro.

- ◆ **Domínio Complicado** – Distribuímos neste domínio os projetos e produtos que o grupo considerava que o escopo, a tecnologia e o resultado final poderiam ser conhecidos e previstos após análise de especialistas, e com alta probabilidade de repetição caso o especialista tomasse decisões corretas que orientassem os times a seguir premissas, processos, regras e restrições anteriormente aplicados. Usamos neste caso os *post-its* grandes e amarelos para identificar as iniciativas do domínio Complicado.

- ◆ **Domínio Complexo** – Distribuímos neste domínio os projetos e produtos que o grupo considerava que o escopo, a tecnologia ou o resultado final não eram, e não podiam ser, conhecidos e previstos antes de serem realizados, construídos ou entregues. Além de também trazer para este domínio projetos e produtos de inovação e experimentação da empresa. Usamos neste caso os *post-its* grandes e laranjas para identificar as iniciativas do domínio Complexo.

- ◆ **Domínio Caótico** – Não é para ter nenhum projeto ou produto no domínio caótico, caso contrário haveria uma situação de completa crise e caos, nem permitindo que o grupo estivesse reunido e trabalhando focado no Business Agility Inception®. Projetos e produtos que estão no caos estão passando por uma fase temporária e curta, de paralisação não prevista, interrupção de serviços, falhas catastróficas, tragédias naturais ou causadas, risco de morte, entre outros. Usaríamos neste caso os *post-its* grandes e rosas para identificar as iniciativas do domínio Caótico. Na Figura 38 um projeto foi deixado neste domínio temporariamente, pois o grupo achava que este estava passando por uma crise, mas antes do término desse trabalho o projeto foi reposicionado.

Ainda na Figura 38, podemos observar que, junto a cada *post-it* grande, há um *post-it* pequeno. Este *post-it* pequeno possui o nome do líder ou gestor da iniciativa, informando para o grupo em qual cenário o líder está atuando no momento.

Com isso analisamos em conjunto as características e os perfis predominantes de cada líder ou gestor para verificar se este estava ou não em seu domínio correto. Para isso, explicamos cada um dos itens a seguir para todo o grupo.

♦ **Domínio Óbvio** (na foto, atual Claro) – Neste domínio deveriam estar os líderes ou gestores que têm perfil predominante para atuar em ambientes previsíveis repetíveis e que especialmente atuam bem exercendo comando e controle focados em manter e garantir a execução de processos repetidos através da realização de processos, regras, premissas e restrições bem definidas. Líderes ou gestores que não têm perfil para este domínio e atuam aqui de maneira forçada tendem a ser perversos, terroristas e odiados, ou até mesmos fraquejam e afrouxam o cumprimento de trabalhos ordenados pela falta de postura correta.

♦ **Domínio Complicado** – Neste domínio deveriam estar os líderes ou gestores que têm perfil predominante para atuar em ambientes com uma alta previsibilidade e com uma dependência de especialistas; é um líder ou gestor semelhante ao que atua no domínio Claro, porém é necessário que consiga combinar o bom exercício de comando e controle com a descentralização do trabalho especializado para o especialista, entendendo que há o momento de decidir e há o momento de receber uma decisão. Líderes ou gestores que não têm perfil para este domínio e atuam aqui de maneira forçada sofrem dos mesmos problemas do domínio Claro, além de tenderem a soltar demais o comando e controle e a deixar tudo na mão dos especialistas, ou apertar demais o comando e controle e não permitir que os especialistas tomem decisões, trazendo para si mesmos as decisões e gerando conflitos de interesse e comumente decisões erradas pelo acúmulo de funções.

♦ **Domínio Complexo** – Neste domínio deveriam estar os líderes ou gestores cujo perfil predominante é o da servidão, facilitação e remoção de impedimentos do ambiente. Líderes ou gestores deste domínio entendem as questões de empoderamento das equipes e fundamentalmente buscam evoluir e desenvolver seus liderados o máximo possível para que estes consigam executar os seus trabalhos sem a sua dependência. Líderes ou gestores que não têm perfil para este domínio e atuam aqui de maneira forçada tendem a não dar liberdade para a equipe trabalhar, sendo contra empoderamento e auto-organização, não acreditando nem incentivando essas práticas, tomando para si as decisões e centralizando muitos trabalhos. Por outro lado, tendem também a soltar demais os times acreditando que eles devem fazer tudo, ser responsáveis por tudo, inclusive por seu próprio desenvolvimento. No primeiro caso, o líder ou gestor será odiado e visto como um "capitão do mato", e no segundo caso será visto como omisso e não presente.

◆ **Domínio Caótico** – Neste domínio deveriam estar os líderes ou gestores cujo perfil predominante é o de resolver crises e problemas rapidamente sem dar tempo para os impactos aumentarem. Este líder ou gestor não tem medo de ser punido por uma decisão rápida que tenha tomado; tem preocupação em não resolver o mais breve possível a crise ou problema, assumindo grandes responsabilidades e tomando a frente em situações de extrema tensão e risco. Líderes ou gestores que não têm perfil para este domínio e atuam aqui de maneira forçada tendem a travar e esperar por tomadores de decisão externos, alegando que não podem tomar decisões, ou simplesmente se afobam, se desesperam ou se apavoram e tomam decisões precipitadas e erradas, que podem maximizar o caos e seus impactos.

Depois, orientamos que o grupo se separasse e identificasse quais líderes ou gestores estavam atuando em domínios incoerentes aos seus perfis e marcasse também quais seriam os domínios mais indicados para cada um deles.

Como resultado, e sem surpresas para nós, vários líderes ou gestores estavam posicionados em domínios incorretos, e por isso a alta insatisfação dos liderados e dos próprios líderes. A sugestão foi uma redistribuição dos líderes ou gestores de acordo com as complexidades e domínios do *Cynefin*, aliada ao conhecimento de práticas e experiências com as abordagens aplicadas. Assim, uma nova ação de sondagem foi gerada e inserida no MVPA e no *roadmap* de ações.

O resultado esperado com essa nova ação era que cada líder estaria em seu ambiente natural, e seus perfis predominantes iriam se sobressair, tendo melhor desempenho, melhor satisfação e maior qualidade de resultado para seus liderados, em especial aumentando a própria performance, o desenvolvimento e a satisfação das equipes.

Meses depois, o resultado foi melhor do que o esperado, tendo *feedback* positivo dos próprios times, que afirmaram que não tinham mais problemas com seu gerentes de projetos ou *Scrum Masters*, e que os próprios líderes e gestores também estavam mais satisfeitos e desempenhando melhor, o que resultou também em uma diminuição do *turnover*.

Revisão de indicadores e métricas

Em um de nossos clientes em que aplicamos o processo do Business Agility Inception® foi preciso tratar de questões ligadas ao sistema de metas organizacional, especialmente no que diz respeito a metas globais e locais.

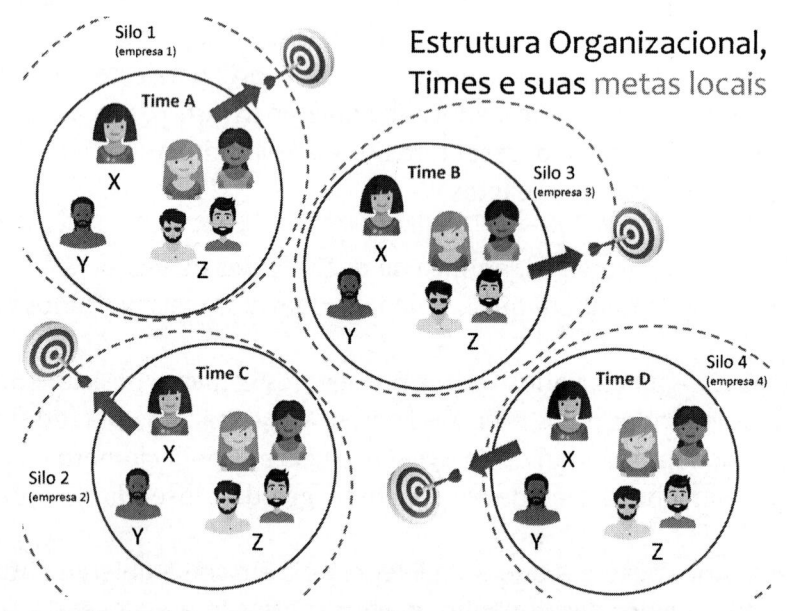

Figura 39. Representação de equipes de uma mesma empresa buscando suas metas locais se transformando em silos como se fossem empresas distintas. Todos os direitos reservados à Hiflex.

Na Figura 39 podemos observar a representação de equipes de uma mesma empresa buscando suas metas locais se transformando em silos como se fossem empresas distintas, e foi justamente esse cenário que vimos.

No segundo passo, quando estávamos falando de objetivos, um em especial nos chamou a atenção. Era um objetivo local, ou seja, apenas das equipes de desenvolvimento de produtos de software, que havia sido estabelecido na última reunião de planejamento estratégico organizacional e que definiria a meta do próximo ano desse objetivo.

O objetivo tratava da qualidade do software e era ligado à quantidade de *bugs* que eram encontrados. No ano anterior ao nosso trabalho o número já era bem razoável, estava em 12%, e foi reduzido para 10% de defeitos. A meta do ano corrente era baixar para 8%.

Nesse momento paramos os trabalhos, cruzamos os braços e questionamos todo o grupo: "o que estamos fazendo aqui? Não estamos entendendo, vocês têm um número de defeitos em um produto legado invejável, e era para estarmos falando de times de alta performance com vocês e não de processos básicos de desenvolvimento!"

Todos nos olharam atentamente sem dizer nada por alguns instantes, até que um dos gestores presentes indagou: "por quê? Não estou entendendo, este número não está bom?"

Nós demos uma risada discreta e, com uma certa desconfiança, explicamos que, para produtos de software, especialmente legados e com problemas conhecidos de baixa qualidade e insatisfação alta de cliente, os números de retrabalho são próximos a 50% e que quando os números estão próximos a 10%, ou abaixo, já temos um cenário muito positivo. No caso deles tinha um agravante: no primeiro passo eles trouxeram uma dor muito importante que afirmava que os clientes estavam insatisfeitos com a qualidade do produto recebido e que estavam inclusive cancelando contratos e indo para o concorrente.

Então como era possível haver números tão baixos de retrabalho? Eles entenderam e concordaram que havia algo estranho, porque a meta local não batia com os problemas atuais e muito menos com as metas de outros times e áreas, como aumentar a satisfação do cliente e diminuir os cancelamentos.

Explicamos também que o retrabalho engloba vários trabalhos e não somente os defeitos em produção; podemos ter defeitos durante os processos de qualidade (garantia e inspeção), refatoração e qualquer tipo de trabalho que não esteja ligado a produção de software novo, e foi nesse momento que eles riram de forma envergonhada e nos disseram que o número de defeitos deles era filtrado e só mostrava algumas categorias de defeitos em produção, e que vários outros retrabalhos não eram considerados. Com isso entendemos que o objetivo local deles era falho e provocava a busca por uma meta que não ia de encontro com as metas globais e principais de aumento da satisfação do cliente e diminuição de cancelamentos.

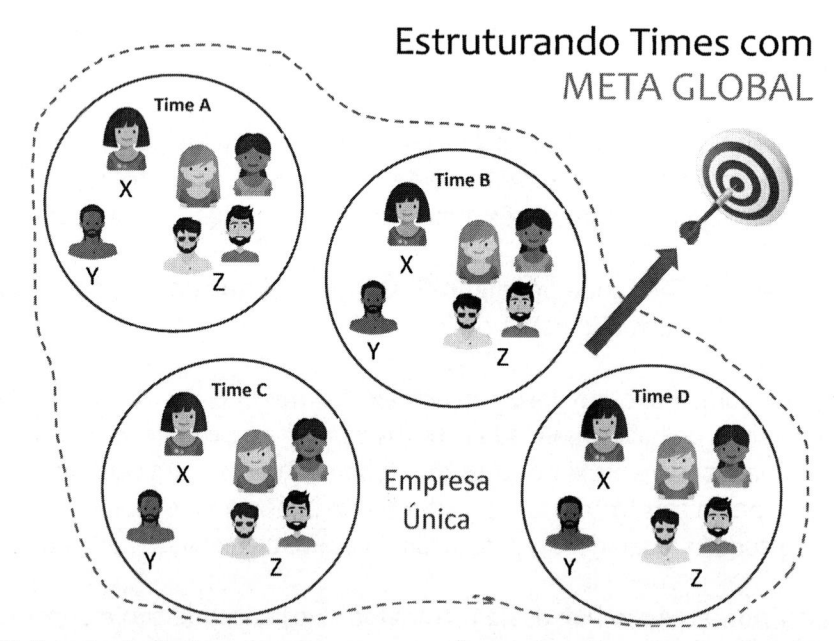

Figura 40. Representação de equipes de uma empresa buscando uma mesma meta global quebrando silos e focando em ser uma única empresa. Todos os direitos reservados à Hiflex.

Na Figura 40 observamos uma representação de equipes de uma empresa buscando uma mesma meta global, provocando com este trabalho a quebra de silos e o foco em ser uma única empresa com objetivos compartilhados.

A primeira sugestão, que gerou uma nova ação de sondagem, foi reavaliar os critérios de identificação de *bugs* críticos ou não, retrabalhos diversos, dúvidas de clientes e outros, e transformar em uma única categoria para tudo: retrabalho. A partir disso o cálculo seria de **produtividade *versus* retrabalho**, ou seja, tudo que o time faz gerando produto novo e criando novas funcionalidades é produtividade, todo o resto que não gera produto novo ou novas funcionalidades é retrabalho.

Nesse primeiro ponto, refizeram os cálculos e o resultado de 10% de defeitos subiu para 46% de retrabalho, assustando a todos porque entenderam que praticamente metade do trabalho que faziam era para consertar falhas, tratar ou melhorar alguma coisa, e com isso outra dor ficou clara para todo mundo: a demora na entrega de novos produtos e a insatisfação dos clientes.

A segunda sugestão, que também gerou uma nova ação de sondagem, foi estudar indicadores diferentes de quantidade de defeitos, que até pode ser um foco de melhoria, mas é local, e fosse para indicadores como satisfação do cliente, aumento de vendas de novos produtos e/ou diminuição de cancelamentos de clientes. Pelo menos os objetivos de aumento de satisfação dos clientes e diminuição de cancelamento foram definidos como necessários, e outras duas ações de sondagem foram criadas: identificar através de pesquisas qual a atual satisfação dos clientes e o número de cancelamentos, e determinar uma meta de melhoria para ambos os números para o próximo trimestre.

Meses depois, o resultado foi muito positivo: conferimos os números junto com os times e ambos os indicadores foram melhorados e possuíam novas metas para os próximos períodos.

Revisão de *frameworks* e métodos

Em mais um de nossos clientes em que aplicamos o Business Agility Inception®, tivemos talvez o processo mais tenso e difícil de todos que realizamos. Os times que compunham o grupo de trabalho já chegaram enviesados e acreditando que já sabiam qual era o problema e que nós iríamos apenas conduzi-los para o outro lado da turbulência.

Para eles o problema era falta de tempo e excesso de trabalho, principalmente para os gestores que estavam presentes no grupo, que afirmavam ter muito trabalho de gestão para organizar e coordenar os times e seus trabalhos. Como complemento, para vários a solução a que nós os conduziríamos era o uso do *Scrum* e estavam ansiosos para ouvir isso de nós; porém, para uma outra parte ainda maior do grupo o *Scrum* não era uma opção, pois na visão destes não funcionaria para os problemas em questão.

No final do primeiro passo tudo isso foi explicitado pelas dores que estavam nos *post-its* priorizados e colados na parede.

Ao discutirmos esses pontos com o grupo mais um pouco, identificamos que os problemas relatados desde o início e que povoaram a parede de *post-its* de dores vieram somente de gestores e líderes presentes, e também somente os gestores estavam argumentando e justificando os problemas. Foi quando questionamos e pedimos: "queremos ouvir os times de desenvolvimento e operação. Onde estão os representantes que não se manifestam?". Foi então que percebemos que nem 30% dos presentes representavam os times de desenvolvimento e operação; os que ali estavam eram na verdade os líderes dos times, o que os colocava também com a visão de gestão e não era isso que queríamos.

Afirmamos que estávamos sentindo um viés forte da gestão e que precisávamos de mais representantes dos times, integrantes dos times que de fato realizavam os trabalhos diários de desenvolvimento de produtos, operação de serviços e produtos e atendimento ao cliente. O grupo presente resistiu um pouco, mas entendeu quando relemos as dores e só víamos dores de gestão e nada de dores dos times, o que ficou claro para todos que o trabalho tomaria um rumo torto se continuássemos naquele caminho.

No passo 2, iniciamos já com novos participantes que representavam os times de desenvolvimento e operação, e por isso tivemos que rever algumas dores e ouvi-los atentamente. Com isso tivemos uma nova relação de dores, e em especial dos times que vinham comentando que as estruturas dos times e os métodos aplicados não eram dos melhores, além de que precisavam inovar e não conseguiam.

Esse ponto da inovação apareceu forte no segundo passo como um grande objetivo cobrado fortemente pela empresa para todos, porém não conseguiam inovar e muito menos aumentar a velocidade de lançamento de novas funcionalidades dos produtos, e mais uma vez a justificativa de todos os presentes era falta de tempo, excesso de trabalho e somente para alguns também apareciam os métodos errados como causa.

Com o passo 2 terminando e os trabalhos de objetivos e restrições relacionados às dores chegando à sua etapa final, tivemos mais uma surpresa perto do final do passo: a grande restrição ligada a prazo era a falta de tempo causada pelo alto consumo de tempo fazendo relatórios de gestão periódicos manualmente, e uma das principais restrições era a ausência de relatórios automatizados.

Figura 41. Foto real das restrições identificadas e relacionadas com as dores. Todos os direitos reservados à Hiflex.

Este foi mais um daqueles momentos em que paramos tudo com um sorriso amarelo no canto da boca e indagamos: "pessoal, é sério isso? O principal problema de vocês é um relatório de gestão? Nós vamos usar as nossas horas que restam nessa consultoria e fazer o relatório para vocês de maneira automatizada e resolveremos todos os problemas de vocês, ok?"

Foi nesse momento que um caos se formou na sala por alguns instantes: todos falavam ao mesmo tempo, começaram a se levantar e ir em direção aos *post-its*, apontar para alguns, mexer para lá e para cá, e até discutiram entre si sobre os trabalhos que haviam sido feitos até ali.

Acalmamos os ânimos e encerramos o segundo passo. Todos precisavam descansar e refletir um pouco sobre tudo que havíamos identificado, pontuado e questionado.

Começamos o terceiro passo exatamente do ponto em que paramos, revisitando dores, objetivos e restrições e questionando: como a principal dor de um grupo tão grande era um relatório e como não conseguiam inovar, resolver outros problemas e mudar sua forma de trabalho com uma restrição de tempo gerada pelo processo de fazer um relatório?

O grupo então resolveu abrir outras dores que estavam guardando e tivemos que dar alguns passos para trás, para poder dar outros para frente mais adiante.

O grupo rediscutiu algumas dores e restrições e chegaram a um consenso de que não havia apoio de patrocinadores, que eram os executivos da empresa, e chegamos à conclusão juntos de que o principal problema era a estrutura das equipes.

Havia muitas equipes estruturadas em um processo longo, altamente hierarquizado e vertical, onde uma equipe fazia parte do trabalho, passava para a outra, que passava adiante e assim até a última delas, e tudo que precisava ser rediscutido ou decidido tinha que passar pelos gestores das equipes. Os times não tinham autonomia, fosse para decisões técnicas ou para os rumos do negócio.

Foi então que ficou claro o porquê da falta de tempo dos gestores e do excesso de trabalho que vários alegaram, e a insatisfação de integrantes dos times em não participarem de tomadas de decisões colaborativas.

Antes de fechar o passo 3, discutimos um pouco as estruturas de equipes e algumas sugestões que eles poderiam seguir, como quebrar um pouco as "torres verticais" de comunicação e organização das equipes e partir para um modelo mais horizontal e mais aberto para comunicações e decisões descentralizadas. Surgiu com isso pelo menos mais uma ação de sondagem que foi adicionada ao MVPA e ao *roadmap* de ações.

Ainda como sugestão de solução, discutimos também a possibilidade do uso de *Scrum* em algumas equipes e como a estrutura de formação da equipe e da hierarquia de decisão e gestão deveria acontecer, clareando para o grupo que era possível aplicar *Scrum* em alguns times e em outros podíamos pensar em outras práticas no decorrer dos trabalhos. Uma nova ação de sondagem foi criada com o intuito de avaliar com mais detalhes cada equipe, sua estrutura e quais métodos seriam mais adequados para cada uma delas.

Meses depois o resultado foi muito positivo: conferimos os números junto com os times e ambos os indicadores foram melhorados e possuíam novas metas para os próximos períodos.

Formação do *Enterprise Business Agility Team*

Esta ação costuma ser realizada todas as vezes que executamos o *framework* Business Agility Inception®. A ideia é que seja formado um time de quatro a oito pessoas, com membros que participaram de todo o processo, e preferencialmente com uma mescla de perfis, hierarquias e áreas departamentais.

Caso você tenha lido "Enterprise Business Agility Team" e pensado em burocracia, processo lento, hierarquia e qualquer outra palavra negativa, por favor tente deixar esse pensamento de lado por alguns minutos e continue a sua leitura. Acredite: a ideia aqui é positiva.

Este time pode ser encontrado em diversas empresas com nomes como Comitê de Melhoria Contínua, Centro de Excelência Ágil, PMO Ágil®[9], Comitê de Transição Ágil, Comitê Organizacional de Mudança, *Agility Transformation Office* (ATO), ou outros. Nós gostamos de *Enterprise Business Agility Team* porque reforça a questão do foco em *business agility* e em abranger a empresa toda, mesmo que não comece pela empresa toda. De qualquer forma, se optar por utilizar um nome diferente, mantenha os objetivos principais deste time formado:

1. Ser o guardião do MVPA e do *roadmap* com todas as ações de sondagem e da melhoria contínua atreladas a elas, sendo o principal responsável por executar, delegar e monitorar o resultado das ações de sondagem.
2. Reunir-se periodicamente, de preferência semanalmente nos três primeiros meses e quinzenalmente após, para revisar o resultado das sondagens, refinar o *backlog* de sondagens, incluindo, excluindo e repriorizando ações, além de discutir ações de melhoria contínua internas do Comitê.
3. Ajudar a disseminar a cultura de *Business Agility* na organização, seja com treinamentos, *mentoring* e materiais, podendo formar subcomitês por áreas.

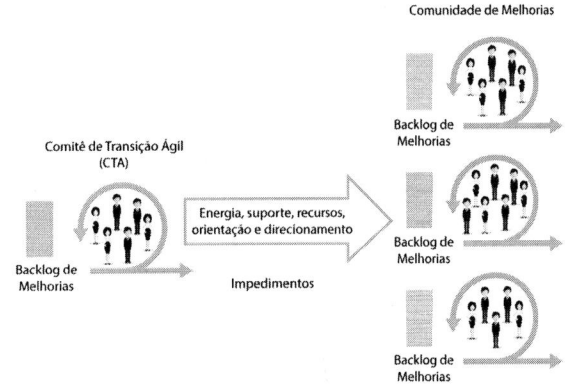

Figura 42. Exemplo de Comitê de Transição Ágil e subcomitês. Traduzido e adaptado de Succeeding With Agile – Mike Cohn.

---

[9] PMO Ágil® é um *framework* autoral desenvolvido por Fábio Cruz, sócio da Hiflex e coautor desta obra e cujo livro de mesmo nome está disponível pela Brasport.

Importante que esse *Enterprise Business Agility Team* tenha ideias oxigenadas, então recomendamos que a cada seis meses ele seja revisado, com troca de membros. Recomendamos que geralmente de dois a três membros do time sejam substituídos por outras pessoas, que podem ser tanto participantes dos cinco passos do processo do *framework* Business Agility Inception® quanto pessoas que não participaram.

Reforçamos a importância deste time ter patrocínio e se reportar diretamente aos executivos e responsáveis por apoiar a mudança organizacional.

Dessa forma o processo de cinco passos chega ao final, mas é apenas o começo de uma jornada de mudanças. A seguir vamos falar sobre o dia seguinte e os próximos passos após a execução do Business Agility Inception®.

10.
O dia seguinte e próximos passos

Após a finalização dos cinco passos do *framework* Business Agility Inception® as ações do MVPA são iniciadas e é muito importante a disciplina do *Enterprise Business Agility* para a realização, a medição e o monitoramento dos resultados do MVPA.

Seguindo a linha de gestão de mudanças proposta pelo modelo ADKAR®, precisamos entender em qual estágio estamos:

- ◆ *Awareness* – **Consciência** – Estado no qual a empresa entende que tem um problema e precisa mudar.
- ◆ *Desire* – **Desejo** – Quão real é o apetite da empresa em mudar.
- ◆ *Knowledge* – **Conhecimento** – Qual o conhecimento teórico existente para a mudança.
- ◆ *Ability* – **Habilidade** – Quais as habilidades práticas existentes para a mudança.
- ◆ *Reinforcement* – **Reforço** – Criação do Comitê de Melhoria Contínua.

Durante os trabalhos no *framework* Business Agility Inception® entramos nas etapas de consciência (dores), desejo (objetivos e ações), reforço (comitê) e apenas iniciamos pontualmente com o grupo a etapa de conhecimento, através de técnicas aplicadas que podem ser reutilizadas e disseminadas, principalmente com as ações de sondagem realizadas durante os próprios cinco dias. Porém, a continuidade e o aprofundamento do conhecimento e do reforço, bem como entender como preencher as lacunas de habilidade, cabem à empresa.

Nossa recomendação nesta etapa de conhecimento e habilidade é a contratação de um processo de acompanhamento, *coaching* e *mentoring* que engloba:

- ♦ Acompanhamento das ações
- ♦ Apoio na implementação das ações
- ♦ Aconselhamento
- ♦ Capacitações e treinamentos
- ♦ Inspeções e adaptações com o intuito de melhorias e identificação de novas ações

Os processos guiados através de acompanhamento, *coaching* e *mentoring* também apoiam muito a etapa de reforço, pois é muito comum nas primeiras dificuldades os profissionais da empresa buscarem involuntariamente voltar à situação anterior, e ao *status quo* antigo, pois é a zona de conforto mais próxima, levando muitas vezes a um retrocesso nos trabalhos realizados, até podendo chegar a um congelamento e cancelamento. Havendo um apoio periódico de *coaching* e *mentoring* com profissionais experientes, e com "cicatrizes de combate", o reforço será mantido, e a perda dos avanços de melhoria será evitada.

A periodicidade do acompanhamento, *coaching* e *mentoring* pode ser diária, semanal ou quinzenal, dependendo da quantidade de ações mapeadas e da velocidade pretendida para a mudança organizacional. Quando nós realizamos esse processo de *coaching* e *mentoring* essa periodicidade é identificada no final do Business Agility Inception®, saindo também como uma ação de sondagem pré-acordada com o grupo presente.

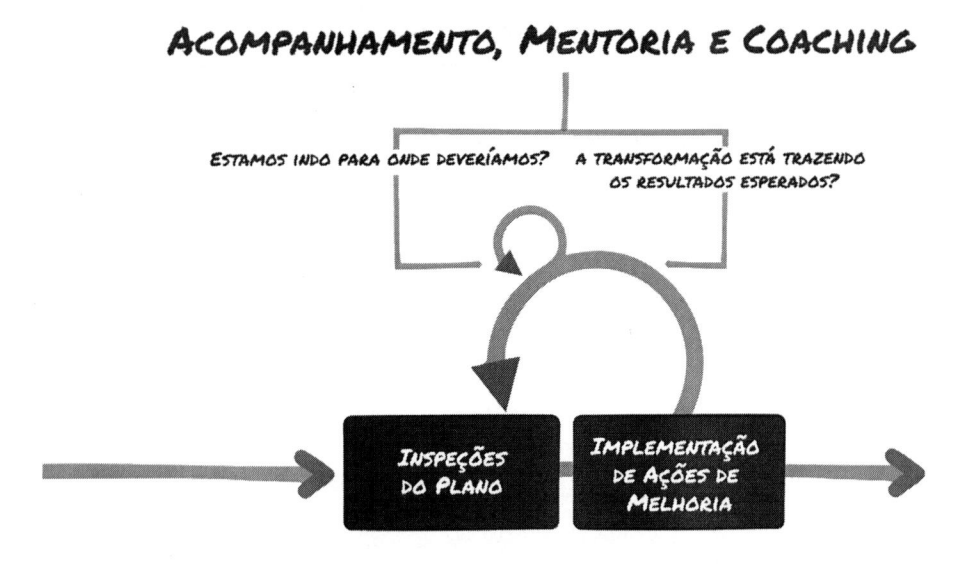

Figura 43 – Processo de acompanhamento, mentoria e *coaching*. Todos os direitos reservados à Hiflex.

Na Figura 43 podemos ver uma representação gráfica de todo o processo de acompanhamento, *coaching* e *mentoring*, que começa com as inspeções do plano mínimo viável e do *roadmap* de ações completo, que pode gerar ajustes e correções de rota, especialmente após a implementação de ações de melhoria planejadas. Observe que o processo é cíclico e contínuo, sendo que inspeções no plano são feitas e logo após são realizadas implementações de ações de melhoria geradas pela inspeção. O trabalho de acompanhamento, *coaching* e *mentoring* deve observar se a transformação está trazendo os resultados esperados e se a realização do MVPA e do *roadmap* de ações está indo na direção que deveria ir.

Não querendo ser repetitivo, mas precisamos reforçar a importância desse processo de acompanhamento, *coaching* e *mentoring* focando na continuidade dos trabalhos, pois, infelizmente, em muitos casos, o resultado dos cinco passos de aplicação do *framework* Business Agility Inception® se torna uma bela apresentação de PowerPoint, que, apesar de demonstrada para todos no último passo com direito a aplausos e sorrisos, pode não ser aplicada e evoluída, tendo apenas feito a sua organização **rasgar dinheiro**.

Lembre-se sempre de que nosso lema é ajudar você e sua organização a **#PRD – Parar de Rasgar Dinheiro**!

11.
BAI *Canvas* – Um modelo a ser seguido

O *Business Agility Inception Canvas*, ou BAI *Canvas*, é perfeito para facilitar os trabalhos colaborativos do Business Agility Inception® e guiar o seu time ao longo dos passos.

O BAI *Canvas* oferece uma ferramenta para ajudar a alcançar o alinhamento da equipe sobre o que precisa ser feito e manter o foco e a clareza dos objetivos a serem cumpridos.

Esse modelo inclui uma identificação clara para a realização dos cinco passos e das principais atividades e as informações mínimas a serem discutidas pela equipe para garantir que o trabalho em grupo na aplicação do BAI seja pragmático, produtivo e sem estresse.

A primeira orientação que pode ser obtida através do BAI *Canvas* e que pode ser observada na Figura 44 são os cinco passos do BAI. Eles estão destacados no BAI *Canvas* com as letras de A a E, que representam os passos de 1 a 5, respectivamente.

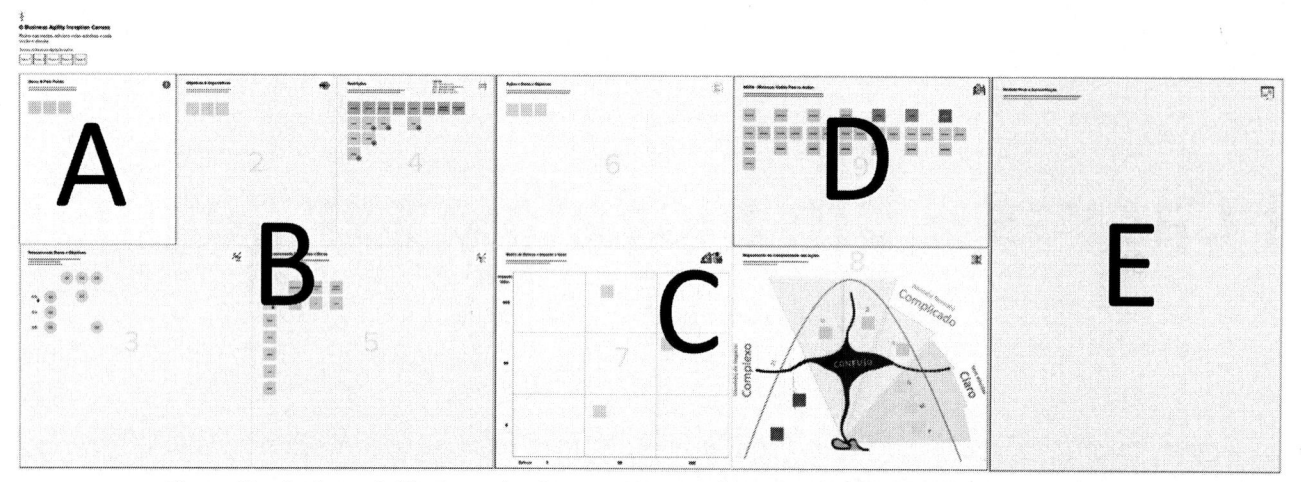

Figura 44 – *Business Agility Inception Canvas* – Um *template* para ajudá-lo a realizar a sua Business Agility Inception (os cinco passos). Todos os direitos reservados à Hiflex.

Outra orientação que o BAI *Canvas* fornece é a sequência de trabalho e preenchimento. Conforme pode ser observado na Figura 45, basta seguir a sequência de 1 a 10 descrita a seguir, realizando as atividades conforme a apresentação ordenada e apontada pelas setas, que todos os trabalhos serão guiados pelo BIA *Canvas*:

1. Responda na área marcada quais são as dores ou os problemas que atrapalham o trabalho e impedem o alcance dos resultados esperados na atividade 1. Use essa mesma área para agrupar, priorizar e ordenar as principais dores.
2. Responda quais são os objetivos e expectativas da empresa para os trabalhos, tanto no dia a dia quanto neste BAI, na atividade 2. Use essa mesma área para agrupar, priorizar e ordenar os principais objetivos.
3. Na atividade 3, relacione as dores que impactam diretamente o atingimento de um ou mais objetivos. Lembre-se de que o sentido do relacionamento deve ser sempre da dor como causa de um efeito no objetivo.

4. Na atividade 4, identifique as restrições preenchendo quais são todos e quaisquer fatos que geram algum tipo de limitação aos trabalhos de todos os envolvidos. Use essa mesma área para agrupar as restrições por categoria e para identificar suas classificações.

5. Na atividade 5, relacione as restrições que afetam ou causam uma ou mais dores. Lembre-se de que o sentido do relacionamento deve ser sempre da restrição como causa de um efeito na dor.

6. Na atividade 6, responda quais são as ações que, se realizadas, resolverão ou diminuirão os impactos de restrições e/ou dores, e/ou aumentarão as chances de atingimento dos objetivos esperados.

7. Na atividade 7, entenda e responda quais são os esforços, impactos e valores previstos pelas ações que foram identificadas para serem realizadas com esse trabalho.

8. Entenda e responda quais são as ações em contexto claro, complicado, complexo ou caótico, de acordo o *Linear Cynefin*, na atividade 8.

9. Na atividade 9, monte o Plano de Ação Mínimo Viável que permitirá colocar em prática todas as mudanças previstas pelo BAI para potencializar os seus negócios e buscar o *business agility* na sua organização.

10. Utilize este espaço 10 para separar imagens, compilar ou agrupar informações e preparar materiais para a apresentação final destacando os principais trabalhos, as principais ações do MVPA e os principais ganhos esperados.

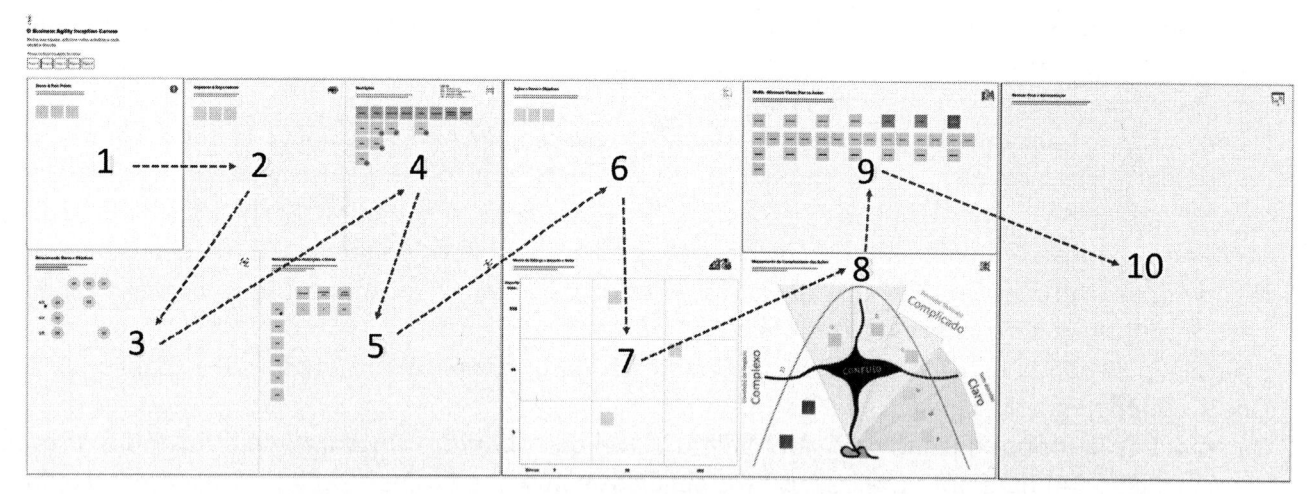

Figura 45 – *Business Agility Inception Canvas* **– Um** *template* **para ajudá-lo a realizar a sua Business Agility Inception (sequência de trabalhos e atividades). Todos os direitos reservados à Hiflex.**

O BAI Canvas está disponível como *template* para utilização na ferramenta Mural.co, no endereço <https://app.mural.co>. Basta acessar e procurar por "BAI Canvas template" e gerar o seu próprio mural para trabalhos remotos com o Business Agility Inception®.

Se você preferir, você pode fazer o *download* do BAI Canvas, imprimir e usar em trabalhos presenciais com o Business Agility Inception®. É só acessar o endereço <http://businessagilityinception.com.br> e baixar gratuitamente a sua cópia do BAI Canvas.

Parte II – Um exemplo de aplicação prática

Vamos contar um *case* completo, do início ao fim, do Business Agility Inception®, para que seja possível entender todo o processo, de maneira lógica e sequencial, e com os pontos principais referentes a cada conteúdo tratado em cada etapa do processo.

Usaremos um de nossos clientes, mas, por ética e para manter o sigilo de algumas informações, não mencionaremos o nome da empresa e nem tampouco o nome dos produtos e serviços que comercializam, mas fique tranquilo porque não impactará o entendimento do processo como um todo.

Uma empresa de infoproduto nos procurou com um problema bem específico: não estava conseguindo vender os seus produtos na escala e abrangência que gostaria, e um dos pontos críticos era que ninguém na empresa sabia o motivo por não estar vendendo. Aparentemente os produtos eram bons, os preços eram bons e havia clientes procurando pelo tipo de produto que eles disponibilizavam.

Foi então que sugerimos o Business Agility Inception® como processo de descoberta das razões pelas quais os produtos não estavam vendendo, e também como ferramenta de mapeamento de ações e estratégias para transformar o produto, ou o que quer que estava travando suas vendas, em algo mais atrativo, desejado ou interessante para seus clientes.

Passo 0

Preparação

Antes de iniciar e executar os cinco passos, foi preciso organizar como os encontros iriam acontecer, o formato (remoto ou presencial), os dias e horários, bem como a infraestrutura e demais preparações necessárias, além, é claro, dos participantes, facilitadores e patrocinador principal, que para este cliente já estava identificado, pois foi o próprio que solicitou a aplicação do Business Agility Inception®.

Neste *case* o trabalho foi realizado na época da quarentena do COVID-19 em 2020, e por isso o formato definido para a realização foi 100% *on-line* e ao vivo, com aproximadamente 15 participantes conectados durante 100% do tempo em todos os dias e passos do processo. Definimos o uso da ferramenta de videoconferência Zoom, onde todos poderiam se ver e ouvir o tempo todo, e para apoio aos trabalhos colaborativos decidimos usar o quadro visual e virtual Mural.co, uma ferramenta que praticamente replica as paredes, quadros brancos e *flipcharts* para o ambiente remoto e permite o acesso por todos de qualquer lugar apenas abrindo um *browser* no computador.

Para o formato *on-line* e ao vivo, preferimos iniciar às 9 horas da manhã, com intervalo para o almoço das 13 às 14 horas e prosseguindo até 18 horas. Ainda para esse formato não praticamos os famosos *coffee-breaks* durante a manhã e tarde; preferimos *short-breaks* de no máximo 5 minutos a cada hora, para que os participantes "beliscassem" algo para disfarçar a fome, pegassem um cafezinho, usassem o banheiro ou simplesmente esticassem suas pernas e circulassem um pouco por seus ambientes.

No *briefing* anterior ao Business Agility Inception® entendemos que a empresa criava e também fazia parcerias para a criação de cursos à distância, fazia divulgação e disponibilizava-os para venda e cuidava da operação dos cursos, que envolvia contato com os clientes para entrega dos cursos a eles e suporte a qualquer problema de uso do conteúdo. Desse modo, solicitamos a presença de pelo menos uma pessoa representante de cada uma dessas áreas da empresa, pois, no nosso entendimento, e também no entendimento deles, a empresa precisaria ser analisada de ponta a ponta para que pudesse ser entendido o motivo das baixas vendas.

Com isso tivemos a presença confirmada dos seguintes participantes:

- ◆ CEO, que também era o patrocinador da iniciativa.
- ◆ *Head* de operações.
- ◆ Diretor técnico.
- ◆ Dois representantes da área de comunicação e marketing.
- ◆ Dois representantes da área de desenvolvimento da plataforma de EAD.
- ◆ Dois representantes da área de operações e atendimento ao cliente.
- ◆ Dois representantes da área de pré-vendas e vendas.
- ◆ Dois especialistas que possuíam cursos disponibilizados na plataforma.
- ◆ Um representante da área administrativa e financeira.

Os facilitadores, mais uma vez, fomos nós dois, Fábio Cruz e Vitor Massari. A previsão era de que este Business Agility Inception® fosse a versão que chamamos de *pocket*, com duração de 24 horas, distribuídas em seis encontros de quatro horas de trabalho. Porém, já deixamos acordado e previsto que poderíamos nos estender e precisar das conhecidas 40 horas e rodar a versão completa caso necessário.

Encontro 1 – Realização do passo 1

Atividade 1 – *Briefing* e alinhamentos iniciais

A primeira atividade que realizamos foi o *briefing* inicial e os alinhamentos gerais com os executivos e patrocinadores principais, especialmente porque precisávamos entender a expectativa do trabalho e os resultados esperados.

A maior preocupação do CEO era o baixo volume de venda e a sua maior expectativa com esse trabalho era entender por que isso acontecia, e como objetivo ter um plano de ação que direcionasse os trabalhos do grupo para aumentar, ou potencializar o aumento, das vendas nas próximas semanas.

Atividade 2 – Dores

Todos os participantes listaram suas dores em *post-its* virtuais e os distribuíram no bloco 1 do quadro virtual no aplicativo Mural.co intitulado Dores. Não foi tão rápido: levamos 3 *Sprints* de 13 minutos e 13 segundos.

1 Dores / Pain Points

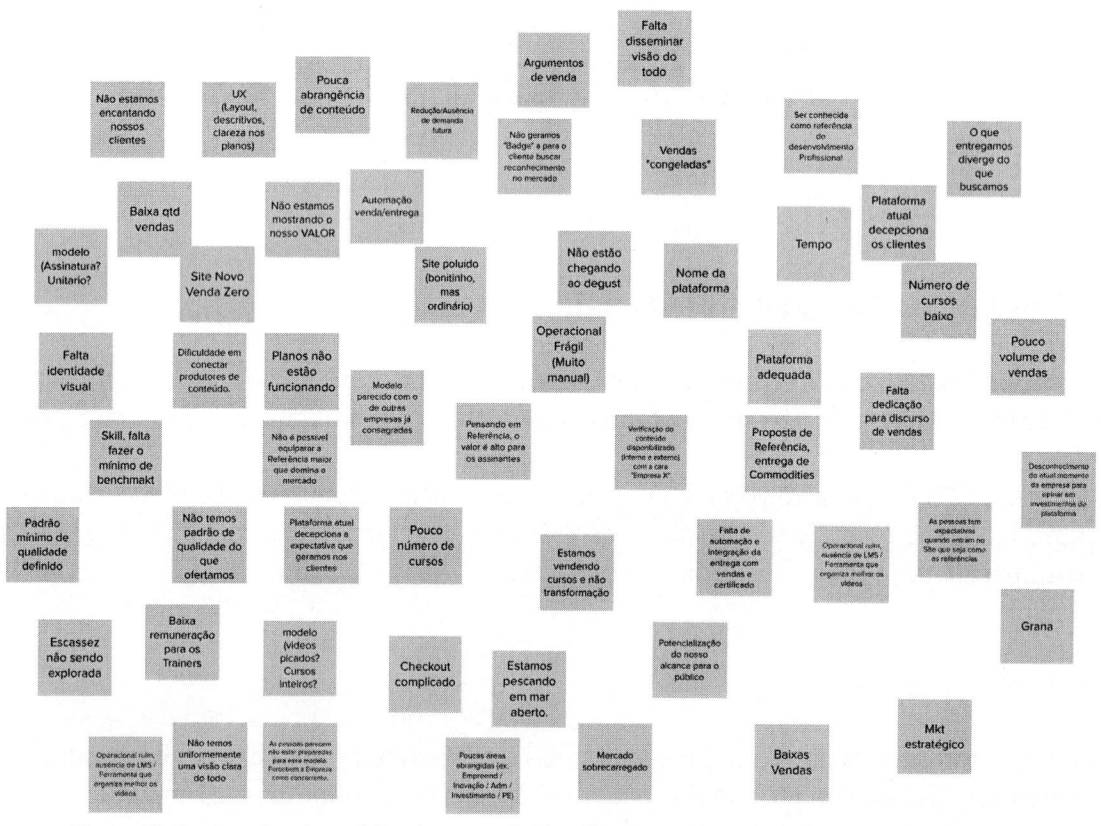

Figura 46. Captura de tela real das dores gerais identificadas. Todos os direitos reservados à Hiflex.

A Figura 46 é a captura real desta etapa dos trabalhos e mostra todas as dores que os participantes listaram individualmente. Podemos destacar as seguintes:

- Baixa quantidade de vendas
- Pouca abrangência de conteúdo
- Plataforma atual decepciona os clientes
- Pouco número de cursos
- Nome da plataforma/produto
- Não estamos mostrando nosso valor
- Não estamos encantando nossos clientes
- Proposta de ser referência, mas a entrega está no padrão "mais do mesmo"
- Baixa remuneração para os *trainers*
- Falta de marketing estratégico
- Mercado sobrecarregado
- Operacional fraco – Muito trabalho manual
- Falta tempo para focar na plataforma

O trabalho apenas começou, mas uma informação importante que podemos tirar dessa primeira etapa é que as dores que nos foram passadas antes, no momento da contratação, e também no *briefing* e no alinhamento inicial, estavam aparecendo, e as novas que foram trazidas após o início dos trabalhos tinham relação com as iniciais.

Com a segunda atividade do passo 1 concluída, orientamos os participantes a partir para as atividades de consolidação, agrupamento e priorização.

Atividade 3 – Agrupar as dores

Todos juntos analisaram as dores mapeadas e as colocaran em grupos que faziam sentido, aproveitando para eliminar dores duplicadas e rever as que estivessem mal escritas ou gerando dúvidas. O grupo todo trabalhou nesse passo por 2 *Sprints* de 13 minutos e 13 segundos, e o resultado pode ser visualizado na Figura 47.

O resultado do agrupamento nos mostrou alguns pontos importantes, que começavam a dar informações ou indícios sobre o motivo das baixas vendas, além, é claro, de nos dar uma visão de grupos de dores, e não mais de dores individualizadas.

Vamos ver os grupos encontrados:

- ◆ Vendas
- ◆ Conteúdo/Cursos
- ◆ Identidade Visual
- ◆ Falta de Visão
- ◆ Plataforma/Operacional
- ◆ Proposta de Valor/Posicionamento
- ◆ Restrição
- ◆ Plataforma na Perspectiva do Cliente
- ◆ Marketing
- ◆ Expansão de Parcerias
- ◆ Qualidade

Com os agrupamentos foi possível destacar outras dores que sozinhas não tiveram força na primeira rodada, mas que agora em grupo se fortaleceram, a exemplo da identidade visual fraca, plataforma operacional ruim e que gera muito trabalho manual e falhas, proposta de valor e posicionamento da marca conflituoso e gerando focos diferentes entre o grupo, além de marketing não estratégico, não se dedicando aos trabalhos certos e não explorando os produtos de maneira correta.

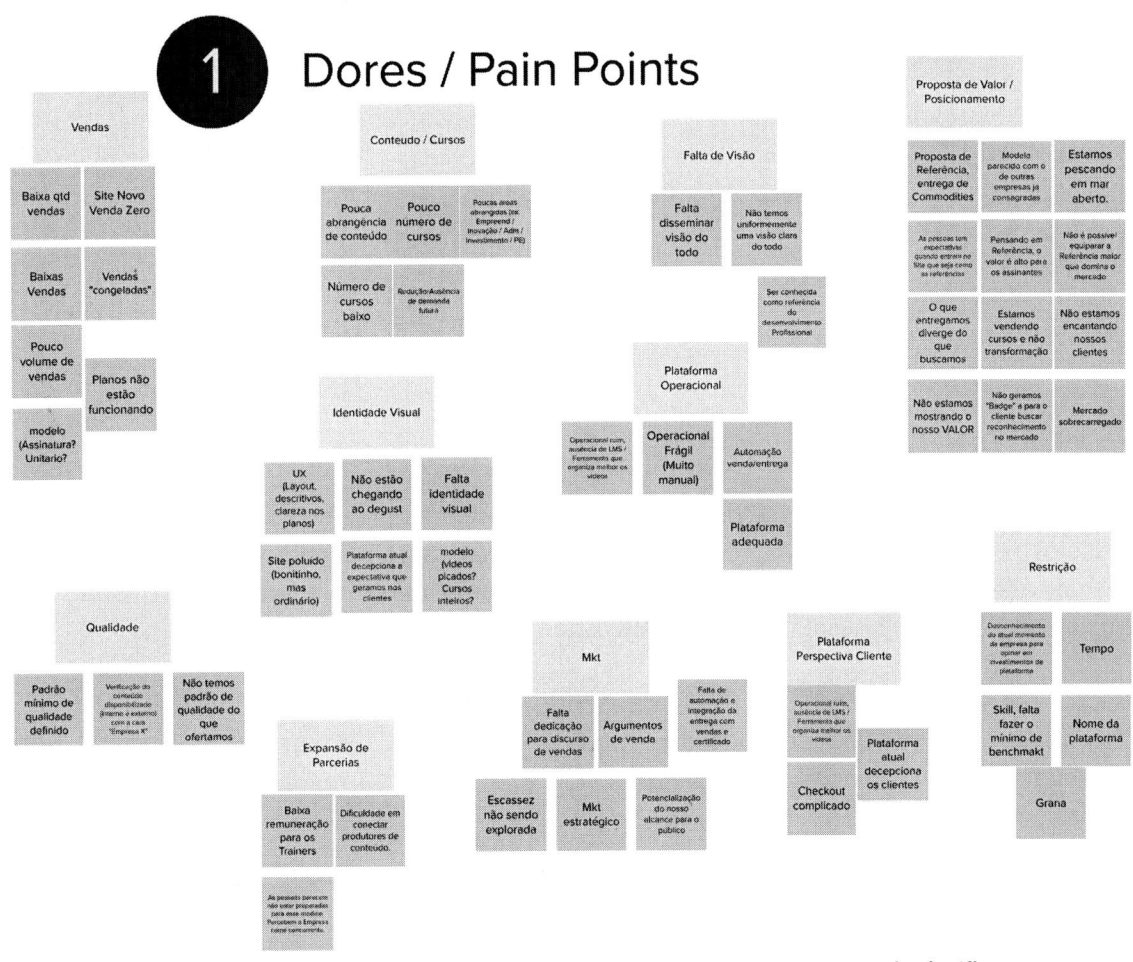

Figura 47. Captura de tela real das dores agrupadas. Todos os direitos reservados à Hiflex.

Encontro 2 – Continuidade do passo 1

Atividade 4 – Priorizar as dores

Partimos para a priorização das dores a partir da votação de todos os presentes. Decidimos usar a técnica de *dot voting*, onde todos os participantes teriam três votos para espalhar entre os grupos de dores preferencialmente, ou dores individuais em casos específicos. A ferramenta virtual Mural.co permite a votação *dot voting* direto pela ferramenta, o que nos ajudou bastante neste *case* e em outros também.

Concedemos então três votos para cada participante, sendo que eles podiam escolher colocar todos os votos em apenas um grupo de dores ou em uma dor individual, ou distribuir os votos em grupos de dores ou dores específicas individualmente. A votação levou menos que uma *Sprint* de 13 minutos e 13 segundos.

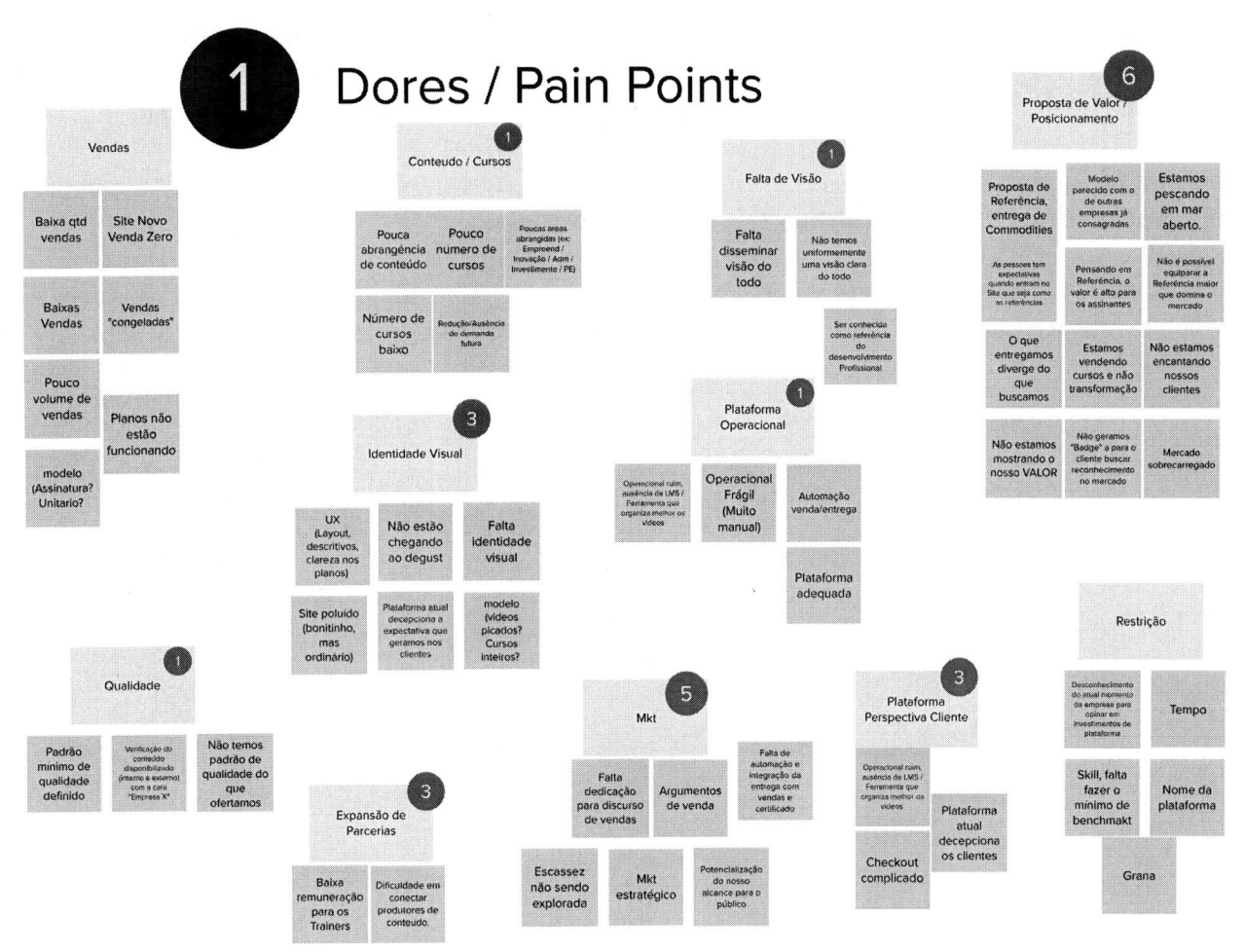

Figura 48. Captura de tela real dos grupos de dores priorizados por votação. Todos os direitos reservados à Hiflex.

Como pode ser observado na Figura 48, o grupo de dores mais votado pelos participantes foi o Proposta de Valor/ Posicionamento, com 6 votos, seguido de perto pelo Marketing, com 5 votos, e depois três grupos ficaram empatados com 3 votos cada: Plataforma na Perspectiva do Cliente, Expansão de Parcerias e Identidade Visual.

Esse empate nos fez orientar o grupo a realizar uma segunda votação para desempatar estes três grupos, pois seria importante ter pelo menos três grupos distintos entre os mais votados.

Sendo assim, partimos para o desempate, onde concedemos 1 voto para cada participante, e a regra era que, nesse caso, só podiam votar nos grupos de dores que haviam empatado na rodada anterior.

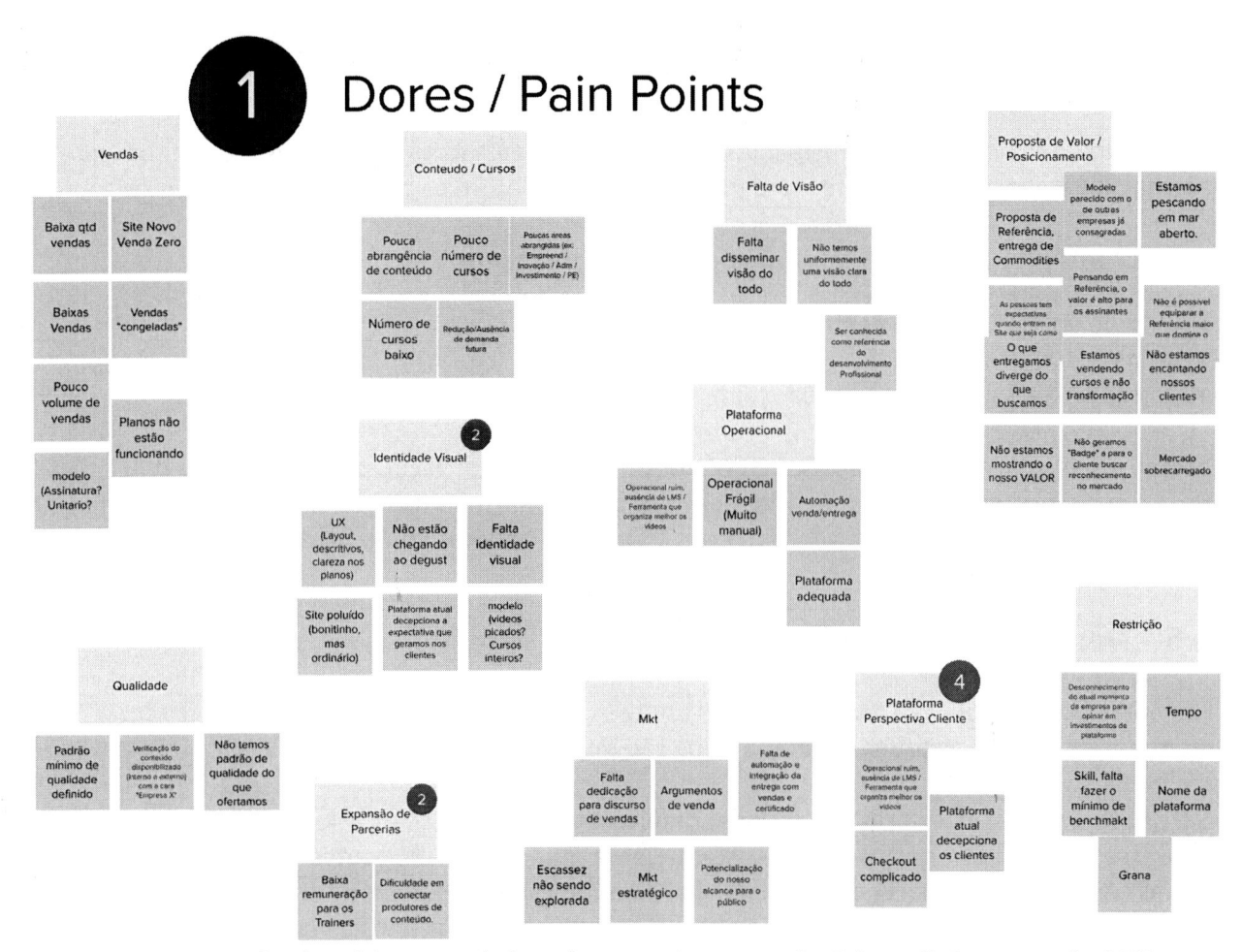

Figura 49. Captura de tela real dos grupos de dores desempatadas por votação. Todos os direitos reservados à Hiflex.

A ferramenta virtual Mural.co permite várias votações no mesmo quadro, diferenciando por cores e permitindo visualizar uma de cada vez, o que ajuda bastante para esses casos e é bem bacana.

Como pode ser visto na Figura 49, os participantes então votaram nas dores empatadas e definiram que o grupo de dores Plataforma na Perspectiva do Cliente era o mais importante dentre os empatados com 4 votos.

Tínhamos então os três grupos de dores mais votados até esse momento:

1. Proposta de Valor/Posicionamento
2. Marketing
3. Plataforma na Perspectiva do Cliente

Porém, ainda não era o suficiente para progredir, pois, observando a priorização por *dot voting*, ela nos dá um resultado quantitativo e que ainda não garante que estas sejam as dores principais da organização, precisando combinar com uma análise qualitativa para chegar a um veredito mais confiável. Partimos então para o próximo passo.

Atividade 5 – Relacionar as dores

Esta é uma atividade fundamental para compreender as dores, tanto no que diz respeito à importância quanto às dores que causam outras dores e às dores geradas ou que são impacto de outras.

Orientamos o grupo a pensar nas dores que eram geradoras de outras dores e também nas dores que só existem na organização porque outras dores que as geram existem. Desse modo, os participantes começaram a relacionar os grupos de dores uns com os outros a partir de setas, que partiam dos grupos de dores geradores e terminavam nos grupos de dores gerados, mostrando assim uma relação de causa e efeito entre os grupos de dores existentes, conforme pode ser observado na Figura 50.

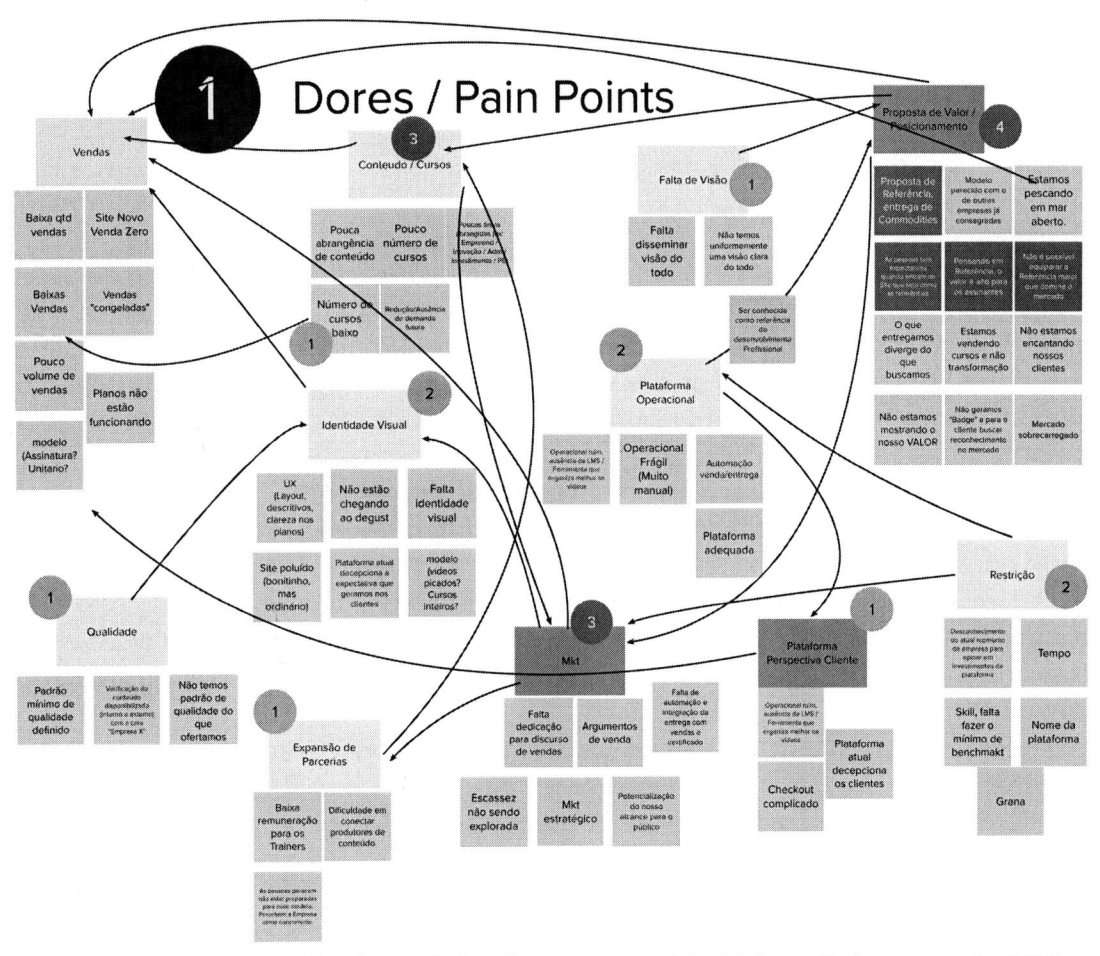

Figura 50. Captura de tela real das dores relacionadas por causa e efeito. Todos os direitos reservados à Hiflex.

Os participantes realizaram os relacionamentos de causa e efeito entre os grupos de dores em 3 *Sprints* de 13 minutos e 13 segundos. Esse trabalho gerou muitos conflitos e discussões, fazendo com que nós tivéssemos que intervir várias vezes, baixando o calor dos conflitos e direcionando os trabalhos.

A primeira parte desta atividade é a relação entre os grupos de dores por setas, e ao observar a Figura 50 podemos ver as seguintes relações:

♦ O grupo de dores Conteúdo/Cursos é gerador do grupo de dores Vendas e do grupo de dores Marketing, e a dor específica Número de Cursos Baixos é geradora da dor específica Baixas vendas, do grupo de dores Vendas.

♦ O grupo de dores Falta de Visão é gerador do grupo de dores Proposta de Valor/Posicionamento.

♦ O grupo de dores Proposta de Valor/Posicionamento é gerador do grupo de dores Vendas, do grupo de dores Conteúdo/Cursos, do grupo de dores Marketing, e a dor específica Estamos Pescando em Mar Aberto foi destacada como uma geradora importante do grupo de dores Vendas.

♦ O grupo de dores Identidade Visual é gerador do grupo de dores Vendas.

♦ O grupo de dores Plataforma Operacional é gerador do grupo de dores Proposta de Valor/Posicionamento e do grupo de dores Plataforma na Perspectiva do Cliente.

♦ O grupo de dores Qualidade é gerador do grupo de dores Identidade Visual.

♦ O grupo de dores Expansão de Parcerias é gerador do grupo de dores Conteúdo/Cursos.

♦ O grupo de dores Marketing é gerador do grupo de dores Expansão de Parcerias, do grupo de dores Identidade Visual e do grupo de dores Vendas.

♦ O grupo de dores Plataforma na Perspectiva do Cliente é gerador da dor específica modelo de negócio do grupo de dores Vendas.

♦ O grupo de dores Restrição é gerador do grupo de dores Plataforma Operacional e do grupo de dores Marketing.

Com essa primeira relação identificada e validada, debatemos algum tempo com os participantes sobre o quanto estavam confortáveis com os relacionamentos. Conseguimos então ter uma análise qualitativa das dores. Ao observarmos os grupos de dores que mais causavam outros grupos de dores, tínhamos então os grupos de dores prioritários para serem tratados, pois ao resolvermos as dores contidas nos grupos geradores, maiores seriam as chances de diminuirmos ou eliminarmos uma quantidade maior de dores, incluindo dores importantes para o sistema organizacional avaliado.

Para ficar visual para todos, contamos basicamente quantos grupos de dores cada grupo de dor gerava. A dica que demos para os participantes foi observar a saída das setas e contar quantas vezes aparecem em cada grupo de dor. Com isso tivemos as quantidades registradas nos *post-its* virtuais redondos que podem ser visualizados na Figura 50, sendo os mais importantes por gerarem mais dores:

1. Grupo de dores Proposta de Valor/Posicionamento, gerador de quatro outros grupos de dores.
2. Grupo de dores Marketing, gerador de três outros grupos de dores.
3. Grupo de dores Conteúdo/Cursos, gerador de três outros grupos de dores.

Com isso temos agora as dores priorizadas de forma qualitativa, podendo comparar com a votação quantitativa e fundamentalmente ter em mente quais são efetivamente as principais dores ofensoras do sistema organizacional até o momento.

Também reforçamos com os participantes a importância dos grupos de dores Restrição, Plataforma Operacional e Identidade Visual, pois são geradores de outros dois grupos de dores cada e podem também ser ofensores significativos do sistema organizacional.

Atividade 6 – Codificando as dores para referência futura

Como última atividade do primeiro passo, orientamos os participantes a identificar cada um dos grupos de dores com um código, para que pudéssemos a partir do dia 2 referenciar os grupos e saber sempre sobre qual grupo estamos falando.

Para isso decidimos usar *post-its* virtuais redondos e de maneira sequencial, sem nenhuma outra regra, colocamos no primeiro grupo de dores o código D1, no segundo o código D2, e assim por diante até o décimo primeiro Grupo de Dores que ganhou o código D11, conforme pode ser observado na Figura 51, encerrando assim o nosso passo 1. Perceba que usamos um *post-it* maior e retangular para identificar os grupos de dores.

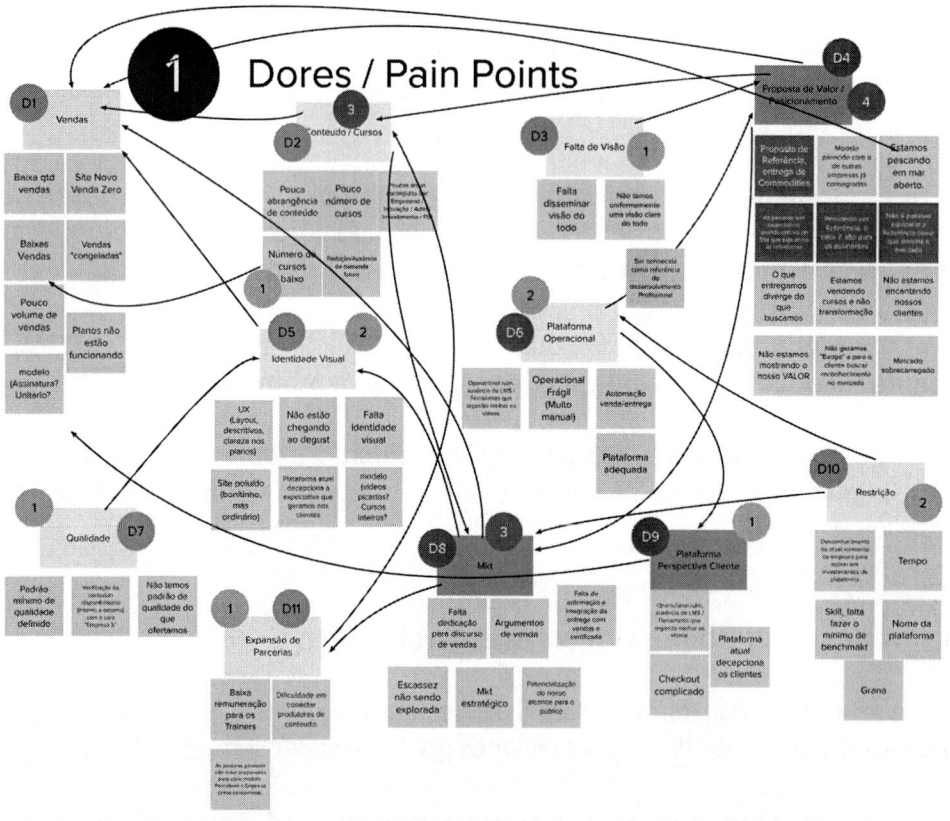

Figura 51. Captura de tela real da finalização do dia 1 com as dores identificadas, agrupadas, relacionadas, priorizadas e codificadas. Todos os direitos reservados à Hiflex.

Encontro 3 – Realização do passo 2

Atividade 0 – Revisão breve

Começamos o passo 2 dando uma breve resumida do passo anterior e sincronizando o ponto em que estávamos do processo. Comentamos sobre a etapa de identificação, agrupamento e priorização das dores e reforçamos quais eram os grupos de dores principais até o momento:

1. Grupo de dores Proposta de Valor/Posicionamento, gerador de quatro outros grupos de dores.
2. Grupo de dores Marketing, gerador de três outros grupos de dores.
3. Grupo de dores Conteúdo/Cursos, gerador de três outros grupos de dores.

Atividade 1 – Objetivos

Partimos então para os objetivos. Todos os participantes listaram seus objetivos individuais, e na sua própria perspectiva, em *post-its* virtuais e distribuíram na parte 2 do quadro virtual no aplicativo Mural.co intitulado de Objetivos. Levamos 2 *Sprints* de 13 minutos e 13 segundos.

Figura 52. Captura de tela real dos objetivos individuais de todos os participantes. Todos os direitos reservados à Hiflex.

A Figura 52 é a captura real da etapa dos trabalhos de identificação de todos os objetivos que os participantes listaram individualmente. Destacamos:

- ◆ Ser referência na sua área
- ◆ Evolução tecnológica da plataforma
- ◆ Aumentar faturamento
- ◆ Diminuir esforço operacional
- ◆ Ser uma solução "democrática", acessível para todos
- ◆ Ter uma receita sustentável
- ◆ Atingir 2.000 clientes ativos no primeiro ano de operação
- ◆ Diversificar o portfólio da empresa

Com a primeira atividade do passo 2 concluída, orientamos os participantes a partir para as próximas atividades de consolidação, agrupamento e priorização.

Atividade 2 – Agrupar os objetivos

A primeira atividade foi relativamente rápida, porém, ao iniciarmos a segunda atividade, as coisas não foram tão simples, como de costume nessa parte de objetivos.

Todos os participantes, juntos, tentaram agrupar os objetivos por similaridade e também identificar os objetivos coletivos e organizacionais, e foi nesse momento que o processo ficou tenso, pois nem todos tinham conhecimento do objetivo organizacional, e alguns tinham a visão de objetivos diferentes em comparação com a visão de outros participantes.

O grupo todo trabalhou por 4 *Sprints* de 13 minutos e 13 segundos. Demorou um pouco mais do que o normal, especialmente devido aos conflitos em relação aos objetivos.

Vários participantes ficaram tensos ao precisarem defender os seus próprios objetivos ao se sentirem ameaçados com a possibilidade de terem que retirar seus objetivos em prol dos objetivos de outros. Entramos forte na facilitação nesse ponto, para que o grupo entendesse que o mais importante nesse momento seria entender quais os objetivos individuais e quais os coletivos, sem remover nenhum deles e também sem priorizar, só agrupar por similaridade ou abrangência. Com os ânimos controlados, o resultado pode ser visualizado na Figura 53.

Figura 53. Captura de tela real dos objetivos agrupados. Todos os direitos reservados à Hiflex.

O resultado do agrupamento mostrou aos participantes os primeiros pontos importantes em relação aos objetivos, especialmente no que dizia respeito ao alinhamento com a própria empresa em relação aos reais objetivos desta. Além das descobertas, obtivemos uma visão de grupos de objetivos, e não mais de objetivos individuais e locais.

Vamos ver os grupos encontrados:

- ◆ Posicionamento em relação ao diferencial competitivo
- ◆ *Time-to-market*/COVID-19
- ◆ Posicionamento no mercado
- ◆ Alcance
- ◆ Rentabilidade
- ◆ Evolução da plataforma
- ◆ Expansão do mercado
- ◆ *Venture capital*

Com os agrupamentos foi possível observar e entender melhor quais são os reais objetivos mais perseguidos dentro da empresa. Ao agruparmos ficaram evidentes as expectativas mais fortes pela maioria, tais como rentabilidade, alcance do produto e posicionamento, e que possivelmente seria por este caminho que iríamos.

Atividade 3 – Priorizar os objetivos

Partimos para a priorização dos objetivos a partir da votação de todos os presentes. Decidimos usar a técnica de *dot voting*, onde todos os participantes teriam três votos para espalhar entre os grupos de objetivos preferencialmente, ou objetivos individuais em casos específicos.

Concedemos então três votos para cada participante, sendo que eles podiam escolher colocar todos os votos em apenas um grupo de objetivos, ou em um objetivo individual, ou distribuir os votos em grupos de objetivos ou objetivos específicos individualmente. A votação levou menos que uma *Sprint* de 13 minutos e 13 segundos.

Figura 54. Captura de tela real dos grupos de objetivos priorizados por votação. Todos os direitos reservados à Hiflex.

Como pode ser observado na Figura 54, o grupo de objetivos mais votado pelos participantes foi o "Rentabilidade", com 9 votos, seguido de perto pelo "Alcance", com 6 votos, e "Posicionamento no Mercado", com 5 votos. No final da lista de votação ficaram *Time-to-market* COVID-19", com 2 votos, e "Evolução da Plataforma" e "Posicionamento Diferencial", com 1 voto cada um. Note que no caso dos grupos "Rentabilidade", "Alcance" e *Time-to-market* COVID-19" houve votos tanto no grupo quando nos objetivos individuais. Quando isso ocorre consideramos a somatória como resultado do grupo em questão.

Tínhamos então os três grupos de objetivos mais votados até esse momento:

1. Rentabilidade
2. Alcance
3. Posicionamento no Mercado

Com isso temos os objetivos priorizados, considerando o qualitativo imputado por cada um dos participantes nas discussões e debates acerca dos objetivos mais relevantes individualmente e coletivamente para as equipes, áreas e organização. Também foi expressa a importância qualitativa de seus objetivos ao direcionarem seus votos, e o quantitativo a partir da soma dos votos, para termos os grupos de objetivos mais votados.

Reforçamos com os participantes a importância dos grupos de objetivos que tiveram poucos ou nenhum voto, e que mesmos estes receberão foco. O que poderá mudar de acordo com as restrições será a priorização e ordenação de foco nos objetivos.

Atividade 4 – Codificando os objetivos para referência futura

Como próxima atividade, orientamos os participantes a identificar cada um dos grupos de objetivos com um código, para que pudéssemos referenciar os grupos e saber sempre sobre qual grupo estamos nos referindo.

Para isso decidimos usar *post-its* virtuais redondos, e de maneira sequencial, sem nenhuma outra regra, colocamos no primeiro grupo de objetivos o código O1, no segundo o código O2, e assim por diante até o oitavo grupo de objetivos, que ganhou o código O8, conforme pode ser observado na Figura 55. Perceba que, para efeito de identificação e diferenciação, usamos cor escura para os grupos de objetivos mais importantes e cor mais clara para os demais grupos.

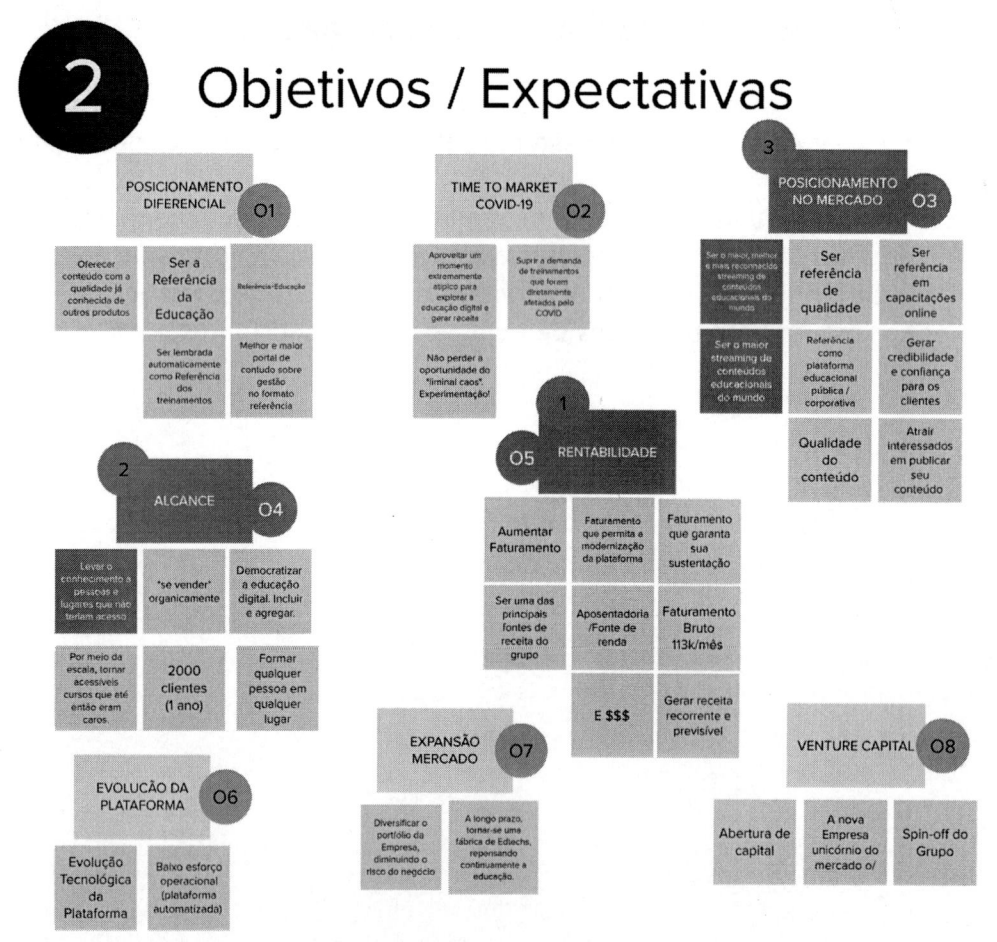

Figura 55. Captura de tela real da finalização da etapa de identificação de objetivos, agrupados, priorizados e codificados. Todos os direitos reservados à Hiflex.

Atividade 5 – Relacionando as dores com os objetivos

Para avançarmos na importante direção de entendermos o contexto e o ambiente em que nos encontrávamos, e também para que todos os envolvidos tivessem uma mesma visão do sistema organizacional em que estavam inseridos, partimos para a atividade de relacionar as dores com os objetivos identificados até o momento.

Para isso orientamos o grupo a distribuir verticalmente em uma coluna os códigos identificadores das dores e ao lado, horizontalmente, distribuíssem os objetivos que de alguma maneira fossem impactados pelas dores, conforme pode ser visualizado na Figura 56.

O grupo exercitou a seguinte pergunta: "as dores do grupo D1 (Vendas) impactam ou impedem o atingimento dos objetivos de qual grupo de objetivos?" Ao observar a Figura 56 e pegando o caso da primeira linha, a D1 impacta os objetivos O4, O5 e O6, e dessa maneira todos juntos repetiram o mesmo processo para todos os 11 grupos de dores e consequentemente para todos os objetivos, para entender os relacionamentos.

Esse trabalho não foi tão rápido e o grupo levou aproximadamente 4 *Sprints* de 13 minutos e 13 segundos para finalizar. Um pouco antes de finalizar, nós facilitadores começamos a consolidar os relacionamentos e a fazer algumas anotações sobre o que estávamos vendo.

A primeira atividade foi colocar um *post-it* virtual do lado de cada dor e somar a quantidade de objetivos impactados e também a soma de objetivos importantes impactados.

Relacionamento - Dores x Objetivos

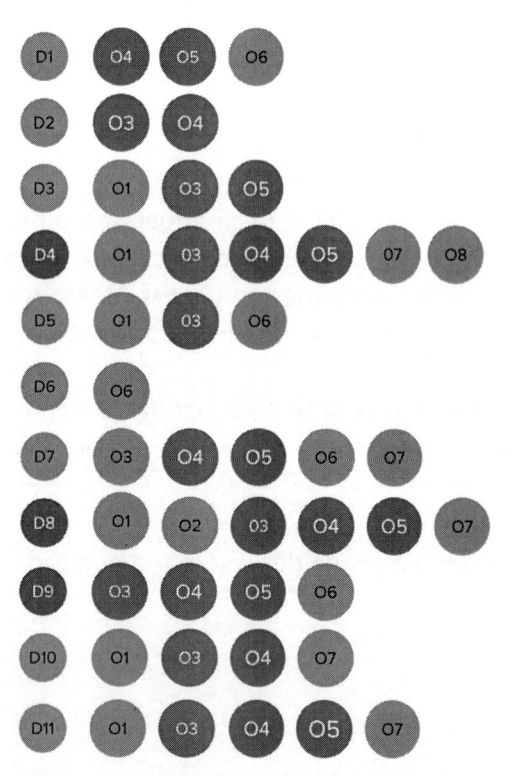

Figura 56. Captura de tela real da etapa inicial do relacionamento das dores com os objetivos. Todos os direitos reservados à Hiflex.

 Relacionamento - Dores x Objetivos

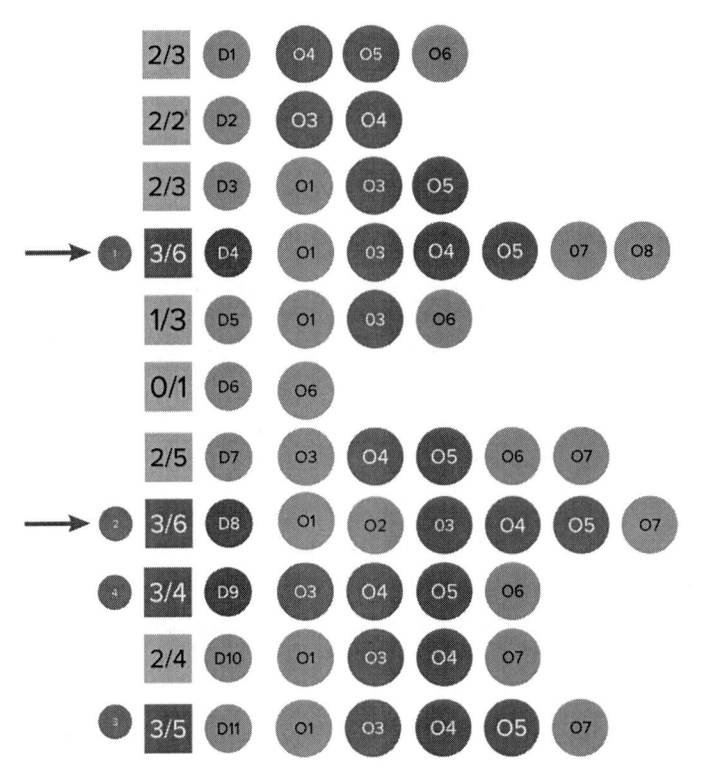

Figura 57. Captura de tela real da etapa final do relacionamento das dores com os objetivos. Todos os direitos reservados à Hiflex.

Ao observar a Figura 57, é possível entender os relacionamentos que os participantes identificaram, além das dores que mais impactam objetivos. Os *post-its* quadrados somam os objetivos impactados, sendo o primeiro número a quantidade de objetivos importantes impactados e o segundo número a quantidade total de objetivos impactados.

Assim tivemos os seguintes relacionamentos de dores que impactam objetivos:

- ◆ D1 impacta 3 objetivos, sendo 2 principais: O4, O5 e O6
- ◆ D2 impacta 2 objetivos, sendo 2 principais: O3 e O4
- ◆ D3 impacta 3 objetivos, sendo 2 principais: O1, O3 e O5
- ◆ D4 impacta 6 objetivos, sendo 3 principais: O1, O3, O4, O5, O7 e O8
- ◆ D5 impacta 3 objetivos, sendo 1 principal: O1, O3 e O6
- ◆ D6 impacta 1 objetivo, sendo nenhum principal: O6
- ◆ D7 impacta 5 objetivos, sendo 2 principais: O3, O4, O5, O6 e O7
- ◆ D8 impacta 6 objetivos, sendo 3 principais: O1, O2, O3, O4, O5 e O7
- ◆ D9 impacta 4 objetivos, sendo 3 principais: O3, O4, O5 e O6
- ◆ D10 impacta 4 objetivos, sendo 2 principais: O1, O3, O4 e O7
- ◆ D11 impacta 5 objetivos, sendo 3 principais: O1, O3, O4, O5 e O7

Com isso observamos que a D4 (Proposta de Valor/Posicionamento) e a D8 (Marketing) impactam mais objetivos, seis no total, e ainda pegam os três objetivos principais também. Já a D11 (Expansão de Parcerias) impacta cinco objetivos, sendo três principais, e a D7 (Qualidade) impacta também cinco objetivos, mas apenas dois principais, fechando assim a lista das quatro dores que mais impactam objetivos.

Ao finalizar esse relacionamento tivemos algumas informações importantes que nos deram segurança para prosseguir, como, por exemplo, D4, D8 e D9 já terem sido consideradas dores importantes no passo 1, através de votação, priorização e relação causa e efeito. Agora no passo 2 elas se confirmaram como dores importantes por impactarem diretamente em muitos objetivos e em especial nos objetivos mais importantes para a empresa.

Por outro lado, também descobrimos que a D11 era mais importante do que parecia. No passo 1, ela ganhou poucos votos e não foi considerada muito importante como causa-raiz de outras dores, porém, nesse segundo passo, ela se mostrou relevante por impactar pelo menos cinco objetivos, sendo os três mais importantes. Sendo assim, uma dor emergiu e deverá ser levada em consideração de agora em diante mais do que antes.

Ao final do passo 2 destacamos as quatro seguintes principais dores, com o reforço do relacionamento com os objetivos:

1. D4 – Proposta de Valor/Posicionamento, que impacta diretamente seis objetivos, sendo três principais: O1, O3, O4, O5, O7 e O8.
2. D8 – Marketing, que impacta diretamente seis objetivos, sendo três principais: O1, O2, O3, O4, O5 e O7.
3. D11 – Expansão de Parcerias, que impacta diretamente cinco objetivos, sendo três principais: O1, O3, O4, O5 e O7.
4. D7 – Qualidade, que impacta diretamente cinco objetivos, sendo dois principais: O3, O4, O5, O6 e O7.

Assim, concluímos, ao final do terceiro encontro, o passo 2 do nosso Business Agility Inception® e combinamos de cada um jantar em sua casa, lembrando do isolamento social gerado pela pandemia, e que depois iríamos nos reunir em um *happy hour* virtual com algumas das pessoas que estavam conosco nos trabalhos desse dia, para conversarmos um pouco sobre alguns pontos e principalmente descansarmos a cabeça dando umas boas risadas e tomando uma cerveja artesanal gelada (ou um bom vinho, para quem preferir) em boa companhia mesmo que remotamente.

Encontro 4 – Realização do passo 3

Atividade 1 – Relembrando acordos

Optamos por não realizar a etapa de identificação de restrições para este *case*, devido ao fato de já estar muito claro para todos quais eram as principais restrições atuais do sistema:

- ◆ **Restrição de custo:** orçamento limitado para investimentos, com o objetivo de gerar receita para reinvestimento.
- ◆ **Restrição de pessoas:** o time era reduzido e limitado, pois foi remanejado durante o início da quarentena do COVID-19, sem a possibilidade de contratação de novos profissionais nesse momento.
- ◆ **Restrição de disponibilidade:** o time que estava trabalhando nessa iniciativa não poderia ficar 100% focado, devido ao fato de outras inciativas estarem ainda acontecendo não podendo ser canceladas ou suspensas, especialmente o atendimento aos clientes atuais de outros produtos.
- ◆ **Restrição de prazo:** havia um prazo forte e restritivo para que os primeiros produtos digitais da empresa começassem a vender e gerar receita para que o CEO acreditasse definitivamente na ideia e continuasse dis-

ponibilizando os profissionais para essa iniciativa. O prazo inicial era em três meses gerar receita para manter o negócio, e no máximo em seis meses estar gerando receita para reinvestimento.

Relembramos então essas restrições com todo os participantes e partimos para a atividade 2 do passo 3.

Atividade 2 – Identificando ações de sondagem

Começamos de fato os trabalhos do passo 3 fazendo uma breve resumida dos passos e encontros anteriores e sincronizando o ponto em que estávamos do processo. Comentamos sobre as dores e os objetivos principais, e também relembramos quais as dores que mais impactavam o maior número de objetivos importantes. Relembramos também, como mencionado anteriormente, as restrições conhecidas e que poderiam ser limitadoras para algumas das ações identificadas.

Orientamos a todos que pensassem em ações de sondagem para atacar as dores principais do sistema. O ideal seria que as ações fossem já identificadas e distribuídas por grupo de dor, começando sempre das dores mais importantes para as menos importantes.

4 Ações - Dores x Objetivos

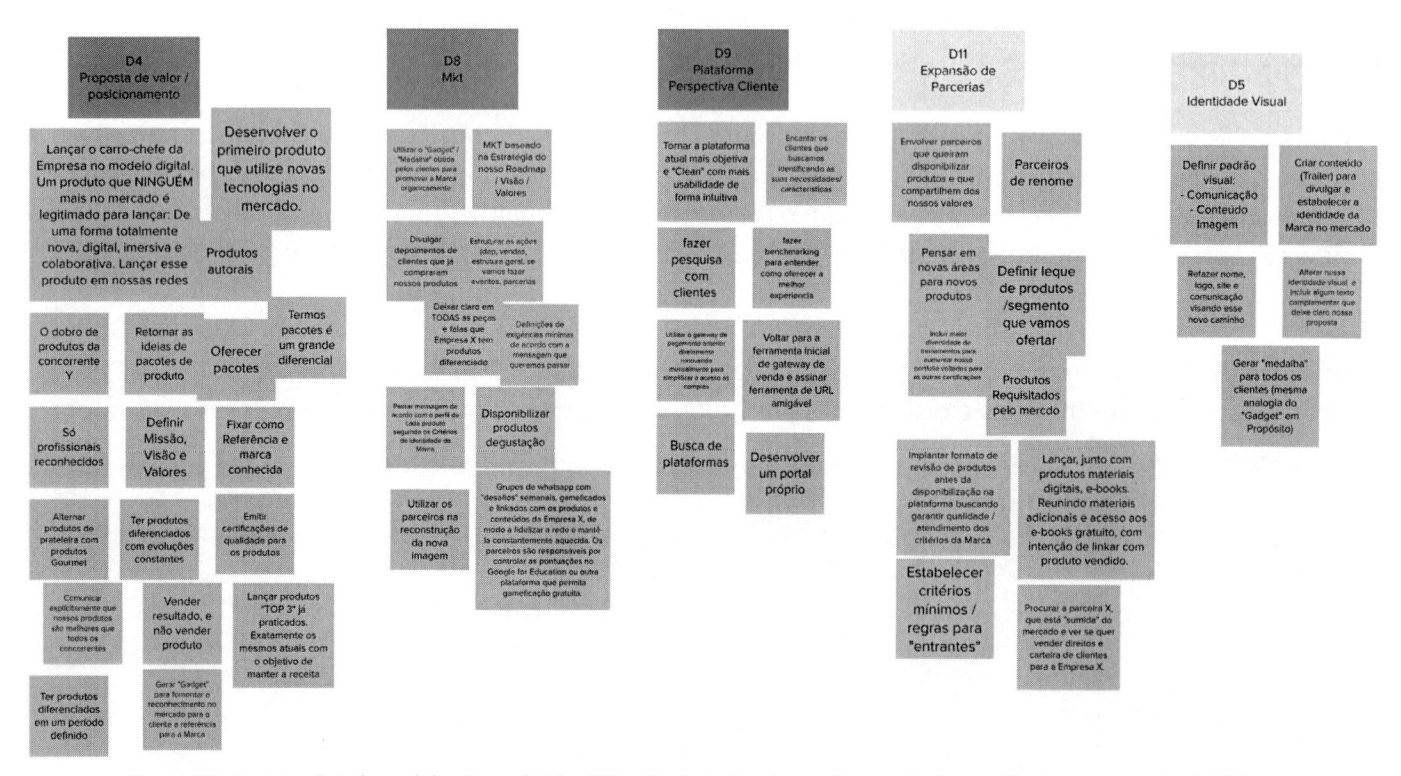

Figura 58. Captura de tela real da etapa de identificação de ações de sondagem. Todos os direitos reservados à Hiflex.

Primeiro, individualmente, cada um distribuiu ações de sondagem que acreditavam ser importantes para cada grupo de dor, conforme pode ser visualizado na Figura 58. Facilitamos de modo que não mais do que 2 *Sprints* de 13 minutos e 13 segundos fossem usadas para esta primeira parte.

Já na sequência, orientamos todos a debaterem um pouco sobre as ações e perceberem quais ações de sondagem poderiam ser agrupadas, e as repetidas ou muito parecidas que cada um havia colocado. O resultado final é o que pode ser visualizado na Figura 58. Destacamos algumas ações de sondagem, tais como:

Ações para sondar o grupo de dores D4 – Proposta de Valor/Posicionamento:

- ◆ Alcançar o dobro de produtos que a concorrente oferece.
- ◆ Retornar a ideia de ter pacotes de produtos.
- ◆ Definir melhor missão, visão e valores.
- ◆ Ter um portfólio de produtos que alterne entre produtos de prateleira e customizados.
- ◆ Passar a emitir certificações que expressem qualidade dos produtos.
- ◆ Gerar medalha para fomentar o reconhecimento de clientes.

Ações para sondar o grupo de dores D8 – Marketing:

- ◆ Utilizar medalha obtida pelos clientes para promover marca organicamente.
- ◆ Realizar marketing baseado na estratégia do nosso *roadmap*.
- ◆ Divulgar depoimentos de clientes que já compraram.
- ◆ Definições de exigências mínimas de acordo com as mensagens que queremos passar.
- ◆ Disponibilizar produtos de degustação.
- ◆ Utilizar parceiros na construção da nova imagem.

Ações para sondar o grupo de dores D9 – Plataforma na Perspectiva do Cliente:

◆ Tornar a plataforma atual mais objetiva e "limpa" no sentido de usabilidade.
◆ Encantar cliente que buscamos identificando suas necessidades e características.
◆ Fazer pesquisas com os clientes para entender o que esperam da plataforma.
◆ Fazer *benchmarking* para entender como oferecer a melhor experiência.
◆ Voltar para a ferramenta inicial de *gateway* de pagamento.
◆ Desenvolver portal próprio.

Ações para sondar o grupo de dores D11 – Expansão de Parcerias:

◆ Envolver parceiros que queiram disponibilizar produtos que compartilhem dos nossos valores.
◆ Buscar parceiros de renome.
◆ Pensar em novas áreas para novos produtos e parceiros.
◆ Definir o leque de produtos/segmentos que vamos ofertar.
◆ Entender quais são os produtos mais requisitados pelo mercado.
◆ Implantar formato de revisão de produtos antes da disponibilização para venda na plataforma, buscando garantir qualidade e excelência da marca.
◆ Entender critérios mínimos para produtos entrantes.
◆ Buscar um parceiro X (específico) para analisar a compra de sua carteira de clientes.

Ações para sondar o grupo de dores D5 – Identidade Visual:

◆ Definir padrão visual.
◆ Criar conteúdo para divulgação e estabelecimento da marca no mercado.
◆ Refazer nome, logo, site e comunicação visando este próprio trabalho.

♦ Gerar medalha para todos os clientes conectados com o propósito da marca.

♦ Alterar identidade visual para deixar claro o propósito da marca.

Com a revisão das ações de sondagem, percebemos junto com os participantes que os grupos de dores principais (D4, D8 e D11) foram observados e ganharam várias ações de sondagem, porém também emergiram ações de sondagem para os grupos de dores D9 (Plataforma na Perspectiva do Cliente) e D5 (Identidade Visual).

Reforçamos com todos que isso não é nenhum problema: de fato é imprescindível que sejam identificadas ações de sondagem para os grupos de dores prioritários, no entanto não é proibitivo que ações para outros grupos sejam identificadas, inclusive se contribuírem para as demais.

Com as ações identificadas, orientamos todos que precisávamos ir para a parte de classificar e entender as complexidades de aplicação e resultados das ações, para só depois pensarmos em ordem, data ou plano de realização das ações. Então fomos nós!

Atividade 3 – Mapeando a complexidade das ações de sondagem

Mostramos para os participantes o *Cynefin* e explicamos a todos o objetivo de distribuir as ações ao longo de uma linha conhecida como *Linear Cynefin*, ou, como costumamos chamar, "ferradura". A "linha ferradura" cruza os domínios do *Cynefin* do extremo canto inferior direito passando pelo centro do topo e terminando no extremo canto inferior esquerdo. A ideia é distribuir as ações de sondagem ao longo dessa linha, de maneira sequencial, da mais previsível para a menos previsível.

5 Mapeamento da Complexidade

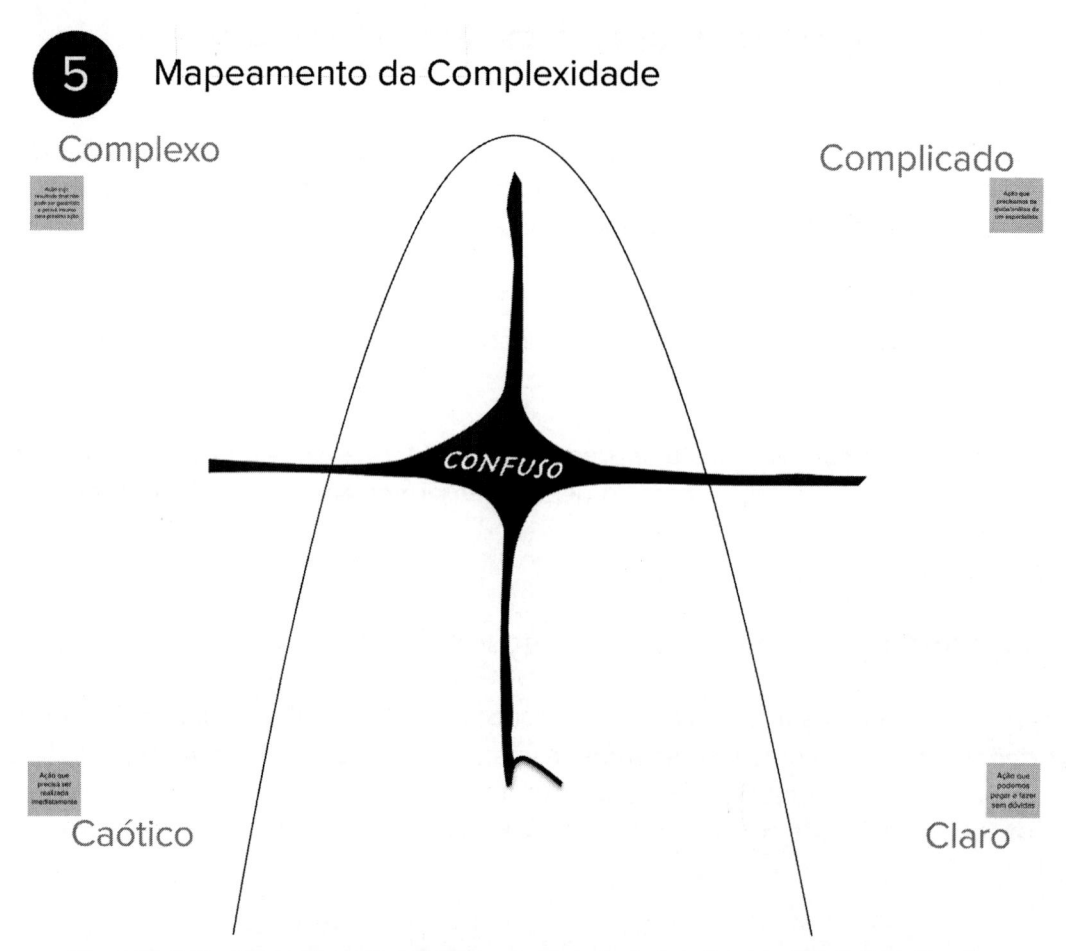

Complexo

Complicado

CONFUSO

Caótico

Claro

Figura 59. Aplicação do *Linear Cynefin* (linha em formato de ferradura) na distribuição de ações de sondagem por complexidade. Todos os direitos reservados à Hiflex.

Ao mostrarmos a Figura 59, reforçamos os seguintes pontos antes de iniciarmos a distribuição:

1. As ações de sondagem mais previsíveis devem estar no extremo canto inferior direito da linha ferradura, e os participantes devem, ação após ação, compará-las entre si em relação à previsibilidade, realizando perguntas como:
   a) Esta ação de sondagem é mais ou menos previsível que a anterior em relação ao domínio de conhecimento, à tecnologia e ao resultado esperado?
2. Caso a ação em questão seja mais previsível do que a anteriormente posicionada na linha, esta deve ocupar a posição logo abaixo.
3. Caso a ação em questão seja menos previsível do que a anteriormente posicionada na linha, esta então deve ocupar a posição logo acima na linha.
4. Desse modo, os participantes vão posicionando e reposicionando as ações, uma a uma, de modo que em uma sequência as mais previsíveis vão estar do lado direito do *Cynefin*. Quanto mais previsível, mais abaixo e à direita, acompanhando a linha, a ação estará. Já as menos previsíveis estarão mais ao lado esquerdo do *Cynefin*, e quanto menos previsível mais abaixo e à esquerda, acompanhando também a linha, a ação estará.

Com isso os participantes distribuíram as ações de sondagem no *Linear Cynefin*, conforme a orientação de complexidade que pode ser observada na Figura 60. Essa distribuição levou 3 *Sprints* de 13 minutos e 13 segundos.

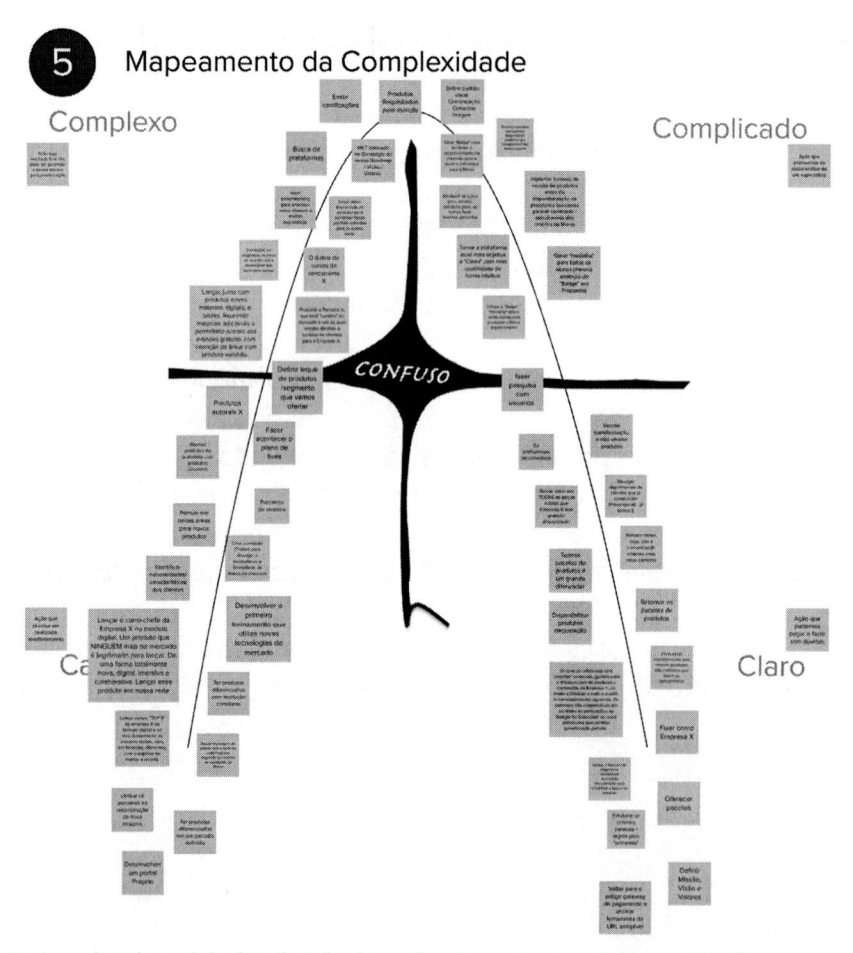

Figura 60. Captura de tela real da distribuição das ações de sondagem no *Linear Cynefin* para entendimento da complexidade de aplicação e resultados. Todos os direitos reservados à Hiflex.

Revisamos juntos com os participantes a distribuição das ações para que não houvesse confusão ou posicionamento incorreto das ações de acordo com a previsibilidade. A seguir destacamos algumas ações de sondagem, sequencialmente da mais previsível para a menos previsível:

- **Ação mais previsível:** estabelecer critérios mínimos, ou regras, para novos produtos entrantes. Neste caso, a ação era basicamente estabelecer os critérios para que se tivessem as regras de entrada de novos produtos. O estabelecimento dos critérios era só fazer, e o resultado era apenas ter os critérios estabelecidos.
- **Ação previsível (menos que a anterior):** definir padrão visual. Neste caso, a ação necessitava de especialista para realizar o trabalho de padronização visual, e o resultado do trabalho do especialista teria pouca incerteza.
- **Ação previsível (menos que a anterior):** fazer acontecer o plano de *lives* nas redes sociais. Neste caso, a ação necessitava de especialista tanto para operar a realização das *lives* quanto para os conteúdos que seriam disponibilizados durante as *lives*, e o resultado da realização das *lives* tinha um certo grau de incerteza (daria o resultado esperado ou não?).
- **Ação imprevisível:** identificar necessidades/características dos clientes. Neste caso, a realização da ação não era um problema, mas o seu resultado era totalmente inesperado e iria gerar novas ações de sondagem após esta primeira, o que trouxe um grau de incerteza e complexidade para o resultado.
- **Ação mais imprevisível:** desenvolver um portal próprio. Neste caso, esta ação poderia tanto dar muito certo quanto muito errado e gerar um distúrbio momentâneo. Por exemplo, caso desse muito errado, seria necessário voltar ao portal anterior o mais rápido possível.

Encontro 5 – Continuação do passo 3

A partir das ações de sondagem distribuídas, partimos para a identificação das ações segundo os domínios do *Cynefin*: Claro, Complicado, Complexo e Caótico.

A primeira parte desta atividade então foi separar as ações previsíveis das imprevisíveis, com base no resultado previsível e possível de garantir, tendo as ações previsíveis de um lado e do outro lado as ações com resultado desconhecido.

Para isso os participantes utilizaram a técnica de refletir sobre cada ação, sequencialmente, até encontrar a primeira ação que não tinha mais um resultado previsível, delimitando a fronteira entre as ações previsíveis e as imprevisíveis.

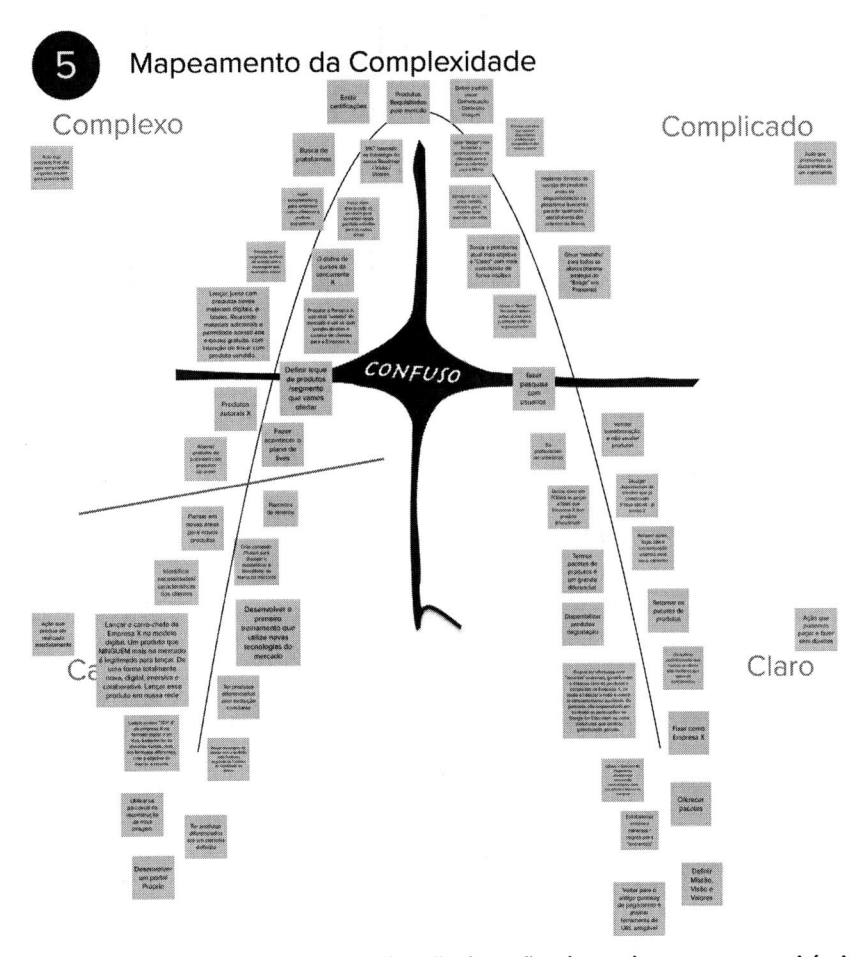

Figura 61. Captura de tela real da classificação das ações de sondagem entre previsíveis e imprevisíveis no *Linear Cynefin*. Todos os direitos reservados à Hiflex.

Após uma *Sprint* de 13 minutos e 13 segundos, como pode ser observado na Figura 61, os participantes traçaram uma linha cortando a "linha ferradura", abaixo da divisão entre os domínios Complexo e Caótico, identificando o ponto de divisão entre as ações previsíveis e as imprevisíveis, sendo o lado de cima as previsíveis e o lado de baixo as imprevisíveis.

As ações que estavam antes e depois da linha vermelha, respectivamente consideradas previsíveis e imprevisíveis, foram:

♦ **Alternar produtos de prateleira com produtos *gourmet*:** esta ação tinha o objetivo de lançar para o público produtos gerados pela própria empresa e também de parceiros, de forma alternada para gerar variedade e fortalecimento da marca. Esta ação necessitava de especialistas para ser realizada, devido aos produtos serem específicos, mas tinha um resultado ainda previsível de disponibilidade dos produtos e possível compra garantida.

♦ **Pensar em novas áreas para trazer novos produtos:** esta ação já tinha uma baixa previsibilidade, tanto de realização quanto de resultado. A ideia era "pensar" em novas áreas: será que o pensamento daria resultado? Será que novas áreas interessantes iriam surgir? Será que a construção de novos produtos nessas novas áreas geraria retorno?

Na segunda parte desta atividade os participantes analisaram apenas o lado previsível do *Linear Cynefin*, incluindo uma segunda linha divisória separando as ações que podiam executar e sabiam o resultado (Claras) das ações que dependiam do apoio de especialistas para executar (Complicadas).

Os participantes então seguiram na "linha ferradura" do canto mais extremo inferior direito e foram subindo, ação a ação, refletindo sobre qual ação podiam realizar sem a necessidade de especialistas. A primeira que encontraram que necessitava de um especialista originou a linha de corte que definiu divisão entre as ações Claras e Complicadas.

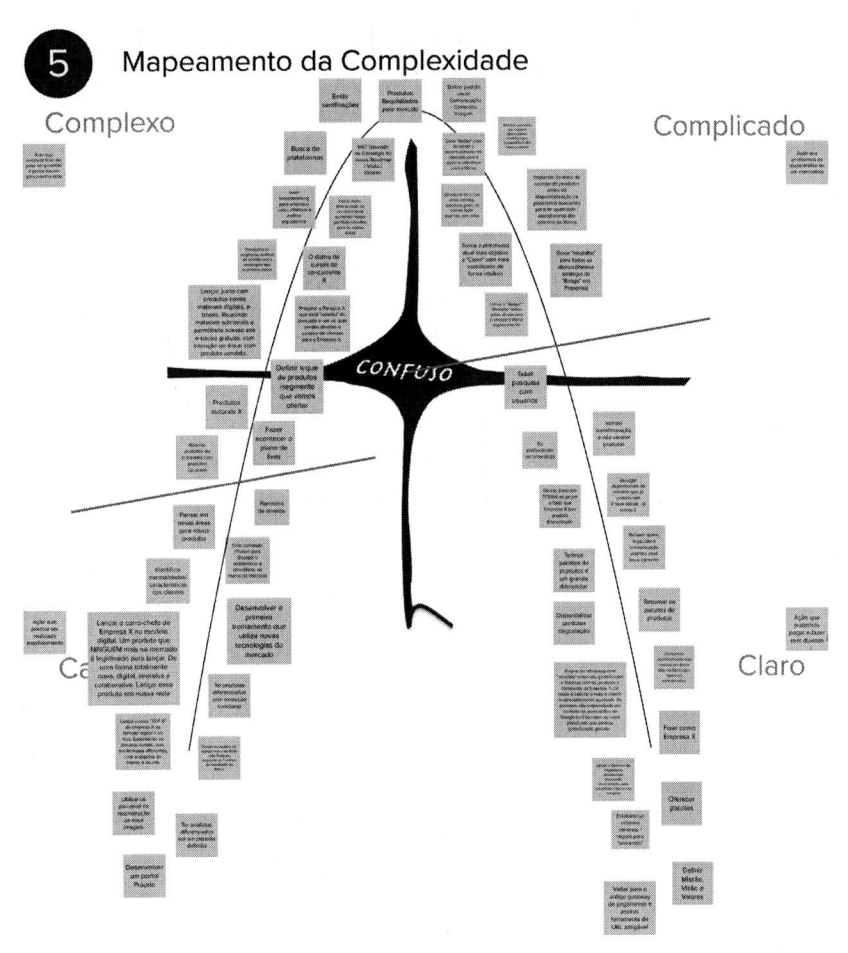

Figura 62. Captura de tela real da classificação das ações de sondagem entre Claras e Complicadas no *Linear Cynefin*. Todos os direitos reservados à Hiflex.

Após uma *Sprint* de 13 minutos e 13 segundos, como pode ser observado na Figura 62, os participantes identificaram a última ação de sondagem Clara no *Linear Cynefin* e traçaram uma linha cortando a "linha ferradura" acima da divisão entre os domínios Claro e Complicado, identificando o ponto de término do grupo de ações de sondagens Claras e o começo das Ações de Sondagem Complicadas.

As ações que estavam antes e depois da linha vermelha, respectivamente consideradas clara e complicada, foram:

- ◆ **Fazer pesquisa com os clientes:** esta ação tinha o objetivo de realizar uma pesquisa com os clientes e identificar gostos, necessidades e expectativas, e o resultado era ter mais informações para futuras ações. Veja que realizar a pesquisa e registrar os resultados não tinha dependência de especialista e tinha uma alta previsibilidade.
- ◆ **Utilizar o *budget* de "medalha" obtida pelos clientes para promover a marca organicamente:** gerar as "medalhas" e utilizá-las era previsível, mas não era possível garantir que haveria retorno para a marca de maneira orgânica através desta ação, então havia menos previsibilidade que a ação anterior. Além disso, para a geração das "medalhas" seria necessária a utilização de especialistas gráficos que o grupo não possuía.

Na terceira parte desta atividade, os participantes analisaram o lado imprevisível e incluíram uma terceira linha divisória separando as ações cujo resultado final não é garantido (Complexas) das ações que eram altamente imprevisíveis que deveriam ser executadas imediatamente com caráter de urgência (Caóticas). Utilizaram a mesma técnica de refletir ação a ação, sequencialmente, até encontrar a primeira ação caótica, delimitando então a linha de separação.

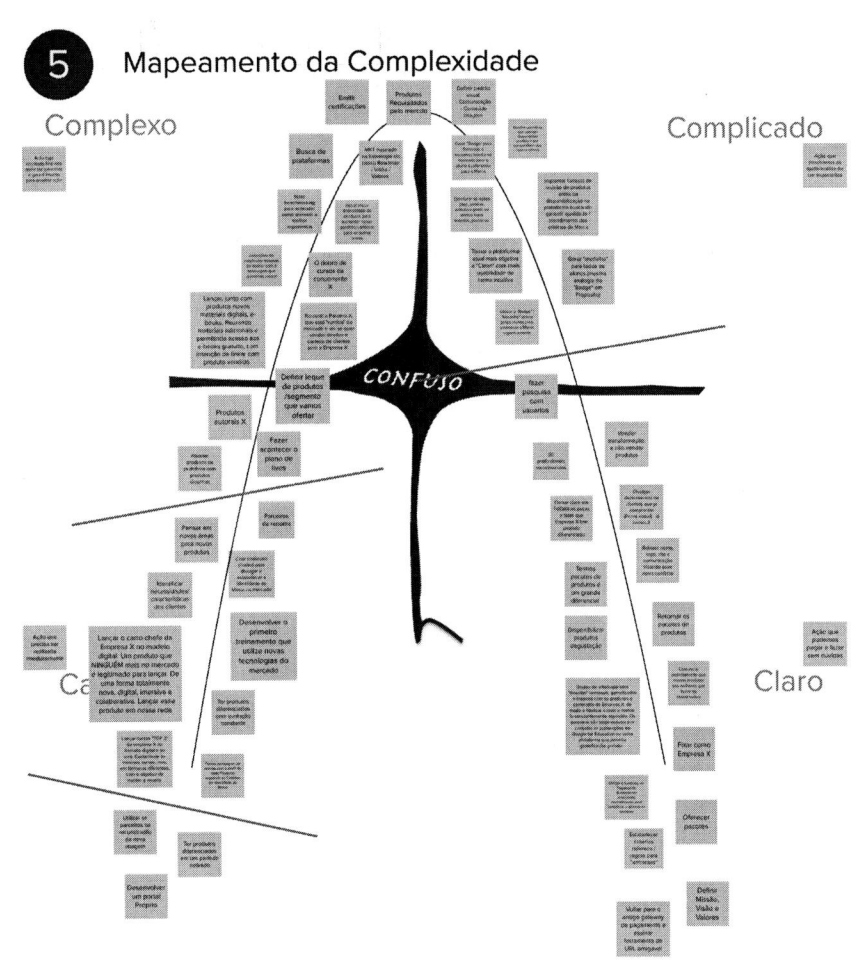

Figura 63. Captura de tela real da classificação das ações de sondagem Complexas e Caóticas. Todos os direitos reservados à Hiflex.

Após uma *Sprint* de 13 minutos e 13 segundos, como pode ser observado na Figura 63, os participantes traçaram uma nova linha quase no final do *Linear Cynefin*, próximo ao extremo canto inferior esquerdo.

As ações que estavam antes e depois da linha vermelha, respectivamente consideradas complexa e caótica, foram:

♦ **Lançar produtos "*top* 3" da empresa:** esta ação tinha o objetivo de lançar produtos já existentes e conhecidos pelo públicos, com o objetivo de aumentar a receita e a quantidade de vendas. O resultado era incerto (aumento de vendas e receitas), porém não era uma ação emergencial.

♦ **Utilizar os parceiros para reconstrução da imagem da marca:** esta ação, apesar do resultado incerto, necessitava ser realizada imediatamente, pois a imagem da empresa estava começando a ficar manchada, e os parceiros poderiam ser um grande apoio para reverter a situação.

Um ponto que vale ressaltar é que as divisões entre os domínios do *Cynefin* não definem as complexidades quando usamos o *Linear Cynefin*. As linhas que cortam o *Linear Cynefin* é que determinam as divisões entre os domínios e suas complexidades.

A partir da distribuição revisada e confirmada das ações de sondagem, ao longo do *Linear Cynefin* e com as divisórias de Claro, Complicado, Complexo e Caótico, passamos para uma etapa intermediária de diferenciação das ações que iria nos ajudar em passos futuros.

Orientamos os participantes a definirem uma cor específica para cada grupo de ações de sondagem entre as linhas divisórias do *Linear Cynefin*. A partir disso todas as ações contidas naquele grupo teriam a mesma cor de referência. Dessa forma, tivemos a seguinte distribuição de cor:

♦ **Verde:** Ações Claras
♦ **Laranja:** Ações Complicadas
♦ **Vermelho:** Ações Complexas
♦ **Preto:** Ações Caóticas

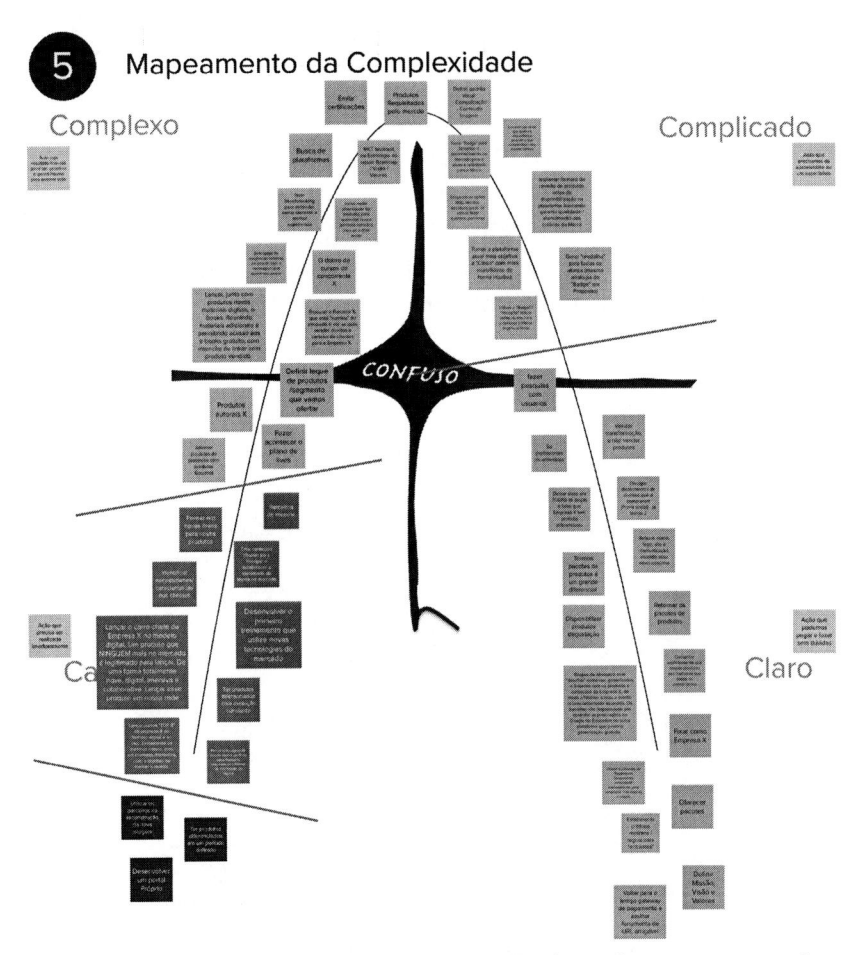

Figura 64. Captura de tela real da classificação das ações de sondagem por cores referentes às complexidades identificadas. Todos os direitos reservados à Hiflex.

Como última parte desta atividade, fomos para a estimativa de esforço e impacto de cada ação.

Atividade 4 – Estimando o esforço e o impacto

Instruímos os participantes que esta etapa é fundamental para poder montar o *roadmap* de ações de sondagem, pois é de extrema importância entender qual o esforço necessário para a realização de cada ação e qual o impacto, retorno ou valor esperado para cada uma. A combinação de complexidade, esforço e retorno definirá a ordenação das ações no *roadmap*.

Eles usaram a identificação de "bonequinho" e "dinheiro" conforme esforço e impacto, sendo que o esforço pode ser tempo, quantidade de mão de obra necessária, custo estimado, e o impacto pode ser retorno financeiro, desperdício eliminado (o famoso dinheiro rasgado), valor esperado, risco mitigado/evitado. Conforme Figura 65:

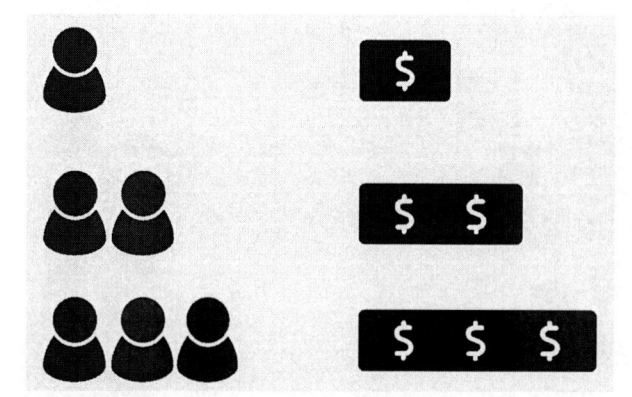

Figura 65. Representação utilizada de esforço e impacto para classificar as ações. Todos os direitos reservados à Hiflex.

- ◆ 1 "bonequinho": esforço baixo.
- ◆ 2 "bonequinhos": esforço médio.
- ◆ 3 "bonequinhos": esforço alto.
- ◆ 1 "dinheirinho": impacto baixo.
- ◆ 2 "dinheirinhos": impacto médio.
- ◆ 3 "dinheirinhos": impacto alto.

O grupo então se dividiu para identificar os esforços e impactos de cada ação, o que levou em torno de 2 *Sprints* de 13 minutos e 13 segundos.

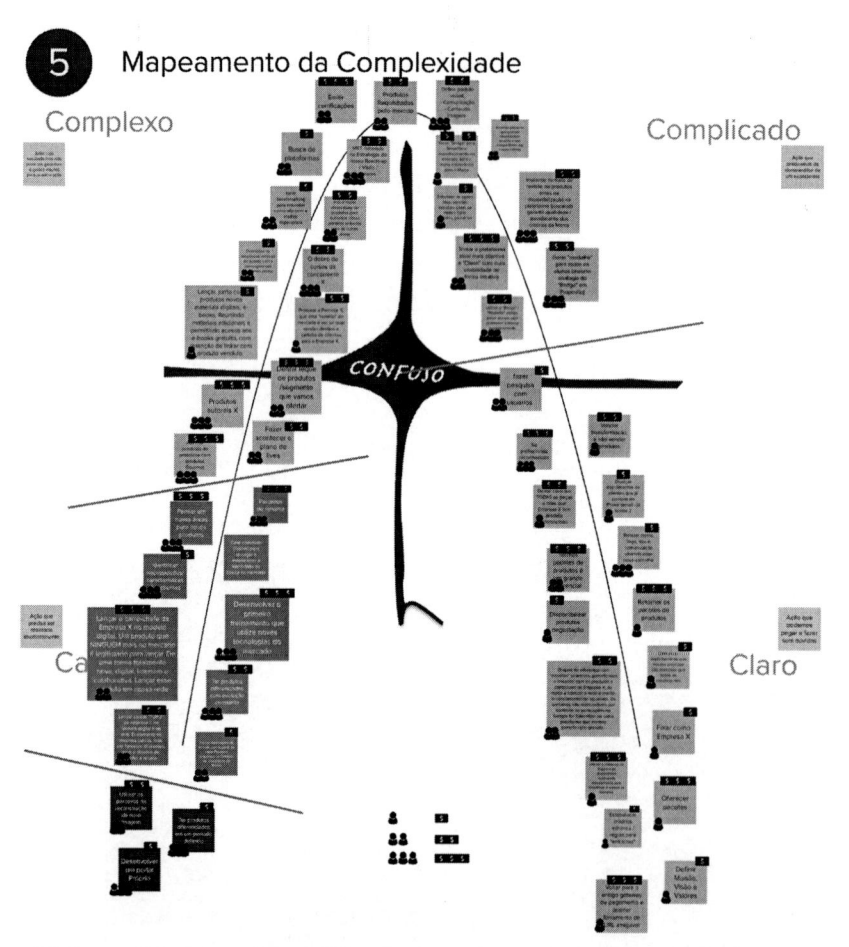

Figura 66. Captura de tela real da codificação das ações de sondagem de acordo com esforço, impacto e complexidade. Todos os direitos reservados à Hiflex.

Como pode ser observado na Figura 66, independentemente da complexidade das ações de sondagem, estas podem ter esforços e impactos variados, de modo que o importante é entender que quanto mais previsível a ação, mais a previsão de esforço e impacto é garantida, e quanto mais a ação é imprevisível, menos a previsão de esforço e impacto é garantida, e isso precisa ser levado em consideração ao ordenar e priorizar as ações no plano de realização.

Encontro 6 – Realização dos passos 4 e 5

Atividade 1 – Montando o *roadmap* de ações de sondagem

Com as ações de sondagem distribuídas no *Cynefin* e classificadas de acordo com esforço e impacto, realizados no encontro anterior, partimos para a criação do *roadmap* de ações e a definição do MVPA. Nesse momento confirmamos que apenas iríamos rodar a versão *pocket* do Business Agility Inception®, totalizando 24 horas de trabalho e os seis encontros de quatro horas programados.

A primeira orientação que passamos aos participantes foi para que eles criassem seis colunas para distribuírem as ações de sondagem, com as seguintes descrições e ordem:

1. Semana 1
2. Semana 2
3. Semana 3
4. Semana 4
5. Mês 2
6. *Backlog* futuro

A ideia era que eles selecionassem e ordenassem as ações que pudessem ser realizadas já na primeira semana, independentemente do resultado total ser obtido. O importante era o início da ação. Do mesmo modo para as semanas seguintes até a quarta semana.

Explicamos que quanto mais distante da data atual, mais imprevisível seria a aplicação das ações, tanto quanto seus resultados, pois cada ação realizada poderia gerar mudanças no sistema e por consequência gerar novas ações, resolver ações relacionadas, mudar ou simplesmente eliminar ações anteriormente mapeadas.

Desse modo, as ações previstas para a semana 4 e para o mês 2 eram apenas ideias futuras, que podiam mudar drasticamente. Já o *backlog* futuro tinha uma "cara" de ideias que precisam ser revisitadas e refinadas futuramente, conforme as ações prioritariamente fossem sendo executadas.

Uma regra básica que passamos para eles antes foi que começassem a selecionar para a semana 1 ações que tivessem baixo esforço e alto impacto, ou pelo menos aquelas com menor esforço possível e com o maior impacto possível dentre as opções, além, é claro, de não deixar de fora das primeiras duas semanas as ações Caóticas, que precisam de ação imediata com caráter de urgência.

Outra recomendação que passamos é deixar sempre as ações com alto esforço e baixo impacto para o final, seja para selecionar por último para o *roadmap*, seja para estacioná-las na coluna *backlog* futuro no final deste passo.

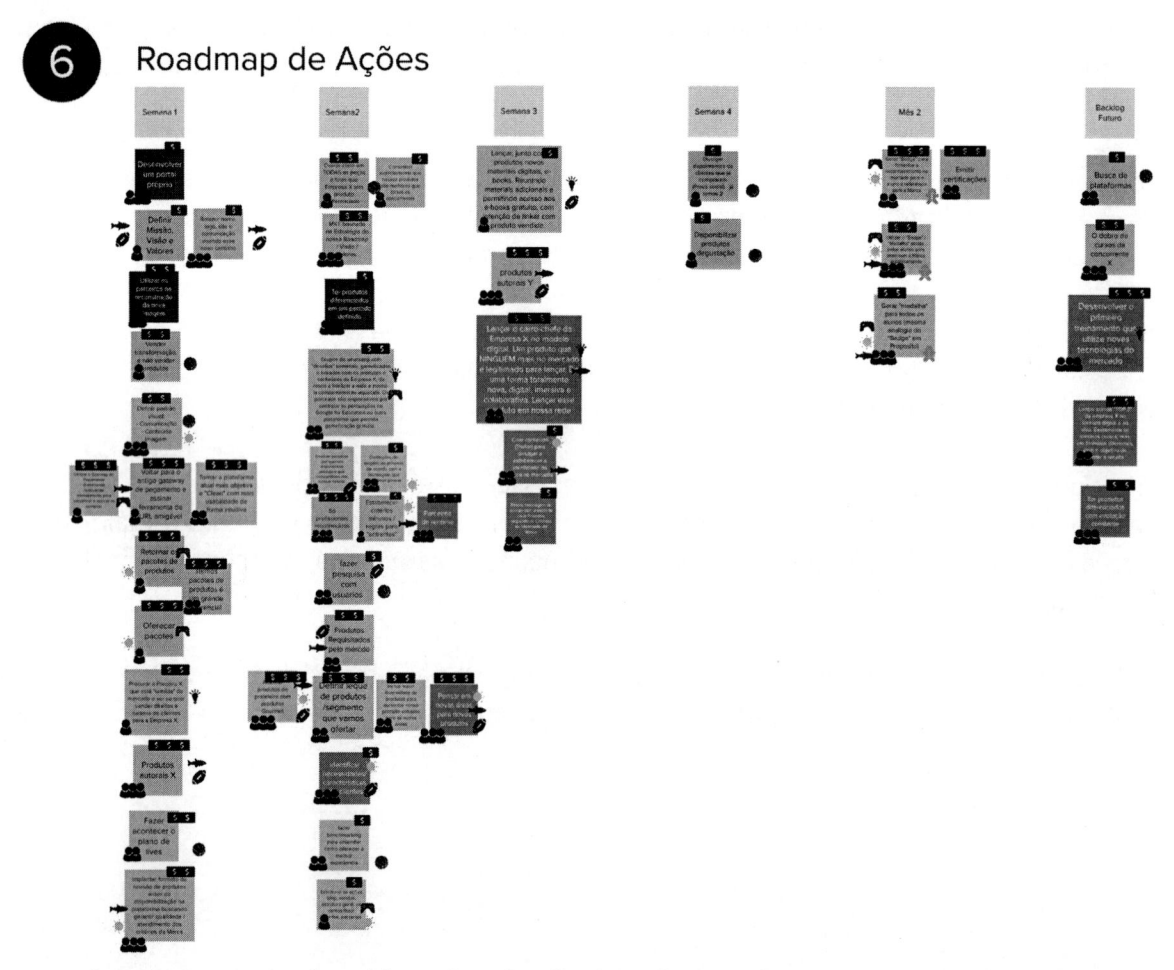

Figura 67. Captura de tela real do *roadmap* de ações de sondagem. Todos os direitos reservados à Hiflex.

O *roadmap* que pode ser observado na Figura 67 não foi tão rápido de montar e chegar em um consenso, porque eram diversas ações com esforços, impacto e complexidade diferentes, e como há uma certa subjetividade nessas classificações os participantes entraram em discussões para que uma concordância sobre a ordem das ações fosse encontrada.

Em aproximadamente 3 *Sprints* de 13 minutos e 13 segundos o grupo selecionou e ordenou as ações de sondagem e as distribuíram ao longo das semanas. Destacamos algumas dessas ações a seguir:

Ações da Semana 1:

- ◆ Desenvolver um portal próprio (Caótica)
- ◆ Definir missão, visão e valores (Clara)
- ◆ Refazer nome, logotipo e comunicação visando este novo caminho (Clara)
- ◆ Utilizar os parceiros na reconstrução da nova imagem (Caótica)
- ◆ Vender transformação, e não vender produtos (Clara)
- ◆ Definir padrão visual: comunicação, conteúdo e imagem (Complicada)
- ◆ Voltar para o antigo *gateway* de pagamento (Clara)
- ◆ Tornar a plataforma mais objetiva e "clean" com mais usabilidade de forma intuitiva (Complicada)
- ◆ Retornar pacotes de produtos (Clara)
- ◆ Procurar novas parcerias (Complicada)
- ◆ Ter mais produtos autorais (Complicada)
- ◆ Fazer acontecer plano de *lives* (Complicada)

Foi possível perceber que as ações selecionadas para a Semana 1 eram, na sua maioria, ações estruturantes do negócio e da empresa, com foco em reforçar nome, marca, imagem, além de aumentar a capilaridade de produtos e de parceiros e definir melhores padrões de comunicação, marketing e o visual e a usabilidade da plataforma para os clientes.

Muitas ações poderiam ter sido selecionadas, mas provavelmente o impacto seria reduzido sem a base estruturada da empresa e seu produto principal, por isso gostamos das primeiras ações selecionadas e partimos para a finalização do encontro e dos trabalhos.

Algo interessante que emergiu durante os trabalhos desta etapa foi a identificação dos responsáveis pelas ações. Pedimos para os participantes não esquecerem de nomear quem seria o responsável por cada ação de sondagem. Como estávamos em um ambiente virtual e com uma ferramenta colaborativa, eles escolheram alguns ícones que representavam pessoas presentes, como se fosse um "avatar", e distribuíram os responsáveis pelas atividades.

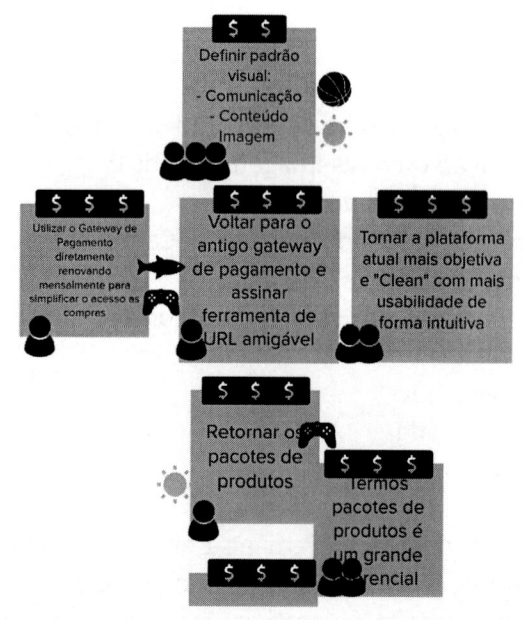

Figura 68. Captura de tela real do *roadmap* de ações de sondagem destacando os "avatares" dos responsáveis pelas ações. Todos os direitos reservados à Hiflex.

Podemos observar na Figura 68 alguns dos "avatares", tais como: bola de basquete, tubarão, sol e controle de videogame.

Atividade 2 – Definição do MVPA

Ao analisarmos em conjunto o *roadmap* de ações distribuído em até dois meses, e com maior detalhe de esforço, retorno e complexidade nas três primeiras semanas de trabalho, definimos então que o MVPA para este Business Agility Inception® seria composto por todas as ações contidas nas primeiras três semanas do *roadmap* de ações. Com isso, os próximos trabalhos estariam focados no MVPA definido.

Atividade 3 – Finalização dos trabalhos

Antes de partirmos para o final, precisávamos eleger os guardiões das ações, que chamamos de *Enterprise Business Agility Team*. Elegemos então três membros que estavam presentes no grupo de trabalho e mais dois membros que não estavam presentes, para equilibrar e trazer novos ares ao grupo.

O *Enterprise Business Agility Team* então decidiu que iria registrar todas as ações de sondagem na ferramenta Trello, que eles utilizavam para acompanhamento e controle das atividades que realizavam. Criaram então um quadro específico e atualizaram as ações durante os momentos finais mesmo.

No final do sexto e último encontro reunimos todos os participantes e chamamos o CEO e mais alguns *stakeholders* principais para participarem da etapa final. Para isso, claro, já havíamos combinado antecipadamente que nesse momento os chamaríamos; não marcamos um horário certo, mas pedimos que reservassem as últimas duas horas do encontro para que pudessem comparecer.

Começamos a apresentação final duas horas antes da finalização formal dos trabalhos e mostramos todo o trabalho realizado para o CEO e as partes interessadas presentes, além, é claro, de alinhar e revisar tudo com os participantes que haviam executado todos os trabalhos.

Os participantes elegeram um representante principal que apresentou todos os pontos, e nós facilitadores ficamos de apoio, complementando e ajudando nas dúvidas e questões levantadas. Todos ficaram satisfeitos com o resultado do trabalho e com os próximos passos que precisavam ser realizados imediatamente após o final do Business Agility Inception®.

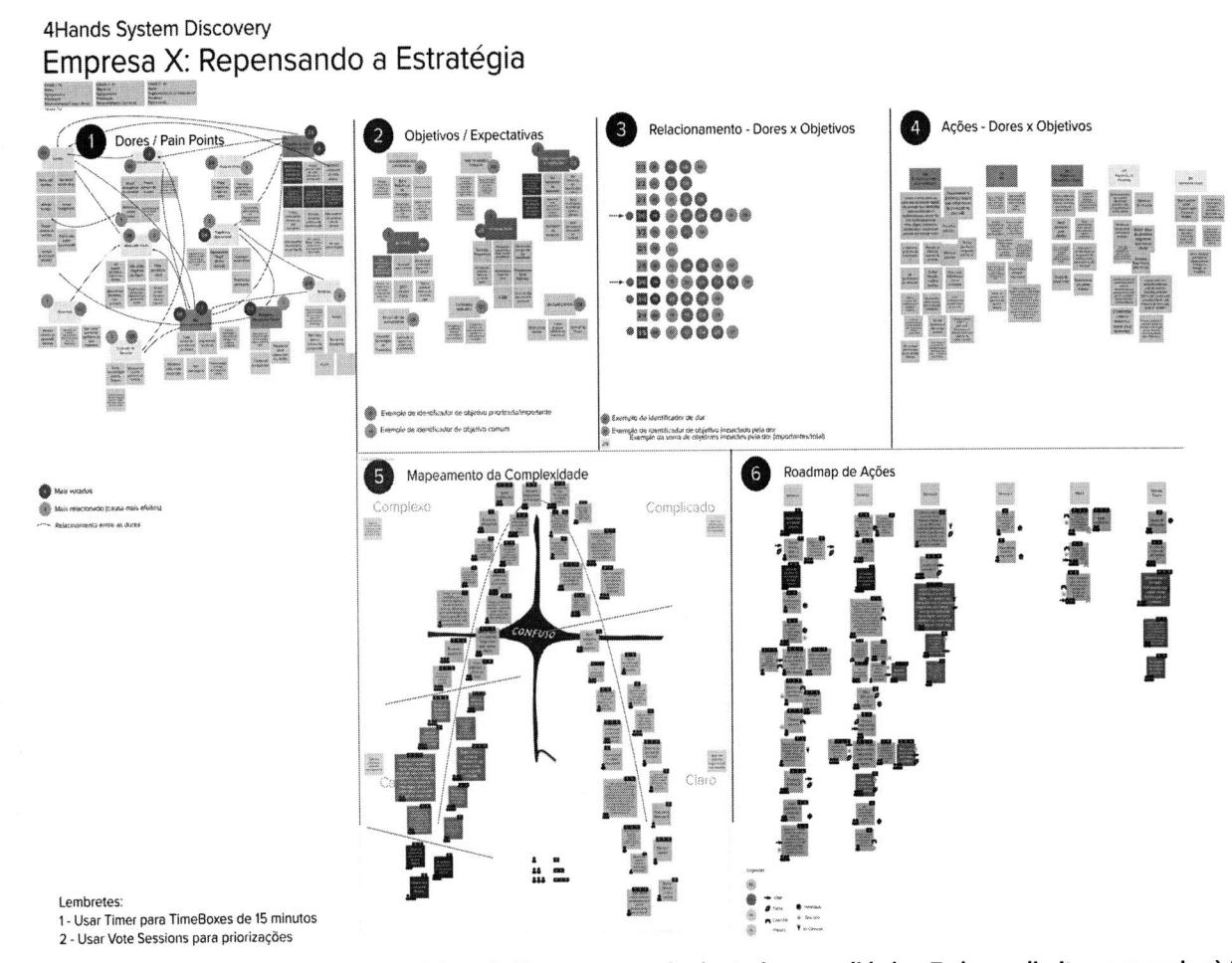

Figura 69. Captura de tela real de todo o mural de trabalho com os resultados todos consolidados. Todos os direitos reservados à Hiflex.

Pós e resultados

Continuamos acompanhando a empresa e a implementação do MVPA, assim como apoiamos várias inspeções e adaptações no *roadmap* de ações conforme o tempo ia passando e as próprias ações de sondagem planejadas iam sendo realizadas.

Do final dos trabalhos até o momento da finalização da primeira edição deste livro se passaram três meses, e os resultados até então foram os seguintes:

- ◆ Todas as ações estruturantes haviam sido realizadas e geraram força para a marca e os produtos da empresa.
- ◆ O faturamento subiu e ficou no nível em que o CEO gostaria para que o produto continuasse ganhando investimento e ficasse "vivo".
- ◆ A receita já pagava os custos de manutenção do produto e já permitia um reinvestimento tímido, mas maior que zero.
- ◆ Os clientes estavam em constante crescimento, inclusive clientes que compravam o primeiro produto voltavam para comprar mais.
- ◆ O marketing começou a funcionar melhor e a gerar uma propaganda boca a boca orgânica.

♦ E o nosso trabalho ganhou força também: fomos convidados a continuar com os trabalhos de consultoria de *mentoring*, disponibilizando um consultor *full-time* para continuar na condução dos trabalhos evolutivos do produto e da implementação das melhorias contínuas por tempo indeterminado.

Parte III – Depoimentos de clientes

Nesta parte coletamos alguns depoimentos de clientes para compartilhar suas experiências e, principalmente, resultados em suas perspectivas.

***

Depoimento 1

Ricardo Issao Shimanuki, Software Express
Atuei 12 anos como desenvolvedor (trilha completa: de estagiário a sênior) e, agora, atuo como primeiro *Agile Coach* da empresa.

1) O que motivou a fazer o Business Agility Inception®?
A iniciativa pelo Business Agility Inception® foi da área de desenvolvimento da empresa, que possuía os seguintes objetivos: melhorar a agilidade das entregas, melhorar a integração entre as equipes e aumentar a satisfação dos funcionários.

2) Como foi o processo?

O Business Agility Inception® foi muito importante por reunir pessoas não só de diferentes áreas, cargos e funções como também de diferentes visões e personalidades. Os cinco passos foram distribuídos em cinco dias de oito horas bem intensas e cansativas, mas necessárias para todos refletirem sobre como atingir o objetivo esperado.

O processo foi marcado por divergências e conflitos nos três primeiros dias, o que resultou em um grande atraso da programação prevista e em um desgaste dos participantes.

A identificação e o relacionamento das dores, que deveriam ocorrer no primeiro dia do processo, só terminaram no segundo dia.

O passo 2 contendo o levantamento e a classificação dos objetivos e das restrições previstos para terminar no segundo dia foram concluídos somente no terceiro dia. Assim, a programação prevista pelo Business Agility Inception® para os passos 3, 4 e 5 teve apenas 12 horas para ser feita, pois ainda precisávamos reservar um tempo para apresentarmos os trabalhos e fecharmos os próximos passos.

Apesar do curto tempo, não só conseguimos cumprir com todo o planejamento do processo como, principalmente, obtivemos informações suficientes para iniciar a nossa transformação ágil.

3) Dificuldades

Tivemos dois momentos de grande dificuldade: na identificação das dores e na escolha das restrições a serem melhoradas.

As dores levantadas no primeiro passo não refletiam os principais problemas pelos quais o Business Agility Inception® foi buscado.

Para o segundo dia, convidamos mais desenvolvedores que não tinham papel de liderança e eles ajudaram não só a emergir novos problemas como também a alterar a priorização das dores.

Por isso é muito importante que a montagem do grupo do Business Agility Inception® seja feita de forma bem mesclada e criteriosa.

Também é fundamental verificar durante todo o processo se os resultados parciais obtidos se relacionam ao objetivo esperado. Como há muitas discussões de assuntos e problemas diversos, é comum ocorrer perda de foco.

Lembro que ao final do segundo dia, já sabendo que estávamos atrasados em relação ao cronograma, perguntei reservadamente para o Fábio Cruz e o Vitor Massari se havia algum problema nesse atraso. Eles me responderam que não, pois o mais importante era a qualidade do resultado das discussões e não apenas ter um resultado.

Em seguida, perguntei também por que eles não haviam interferido nas discussões para não permitir esse atraso ou para evitar que perdêssemos o foco. Eles disseram que faz parte do processo errar, identificar o erro e corrigir por conta própria, e que qualquer interferência deles poderia direcionar ou abreviar uma discussão de forma errada, mas, caso não conseguíssemos identificar os nossos erros, eles fariam alguns questionamentos.

4) Algum momento muito tenso
O segundo momento de dificuldade citado anteriormente também foi o momento de maior tensão.

Uma vez identificados e classificados as dores, os objetivos e as restrições, era momento de eleger quais eram as principais restrições que tínhamos naquele momento e para as quais montaríamos planos de ação.

Tivemos discussões ásperas que duraram algum tempo no Business Agility Inception® e se estenderam por horas depois da dinâmica.

Algumas pessoas entendiam como principais restrições alguns itens que estavam mais relacionados à gestão do que à integração entre times e à agilidade das entregas.

5) Algum momento muito legal

O melhor momento foi quando identificamos que as discussões sobre as restrições estavam fugindo dos nossos objetivos do Business Agility Inception®.

A partir desse momento, voltamos a ter foco, produzimos muito mais como um time e aceleramos uma programação que estava atrasada sem perder a qualidade do resultado.

6) Principais ações finais e MVPA

Como percebemos que a nossa forma de trabalhar era uma das principais restrições, teríamos que alterá-la.

Então, o nosso MVPA com as nossas principais ações iniciais incluiria:

♦ Criar times multifuncionais para diminuir a quantidade de times dependentes um do outro
♦ Adotar uma metodologia que estimulasse a disseminação do conhecimento e respondesse mais rápido às mudanças
♦ Definir papéis para dar mais autonomia e responsabilidade às pessoas
♦ Capacitar as pessoas à nova forma de trabalho
♦ Montar um comitê para apoiar a transformação ágil
♦ Definir uma pessoa dedicada à transformação ágil e exercendo o papel de *Agile Coach*

7) Desafios pós processo

O principal desafio foi mudar o pensamento das pessoas da empresa de forma a engajá-las na mudança e minimizar as resistências.

A Software Express é uma empresa de TI com 33 anos de mercado, referência no mundo de Transações Eletrônicas de Fundo (TEF), mas que utilizava metodologias de trabalho que, embora apresentassem resultados, causavam muito "sangue, suor e lágrimas", como diria Vitor Massari.

Depois de mudar o pensamento, o maior desafio foi capacitar os times para exercer a metodologia que definimos.

Eu, que fui escolhido como *Agile Coach*, tive um desafio muito grande de estudar mais sobre o ágil, desenvolvimento de pessoas, gestão de mudanças e *Business Agility*. Sempre me interessei por esses assuntos, mas buscava mais por curiosidade, pois eu não conseguia aplicar na realidade da empresa e na função que eu exercia.

8) Resultados obtidos até o momento

Hoje, a Software Express possui cerca de 15 times utilizando metodologias ágeis e está amadurecendo em relação à metodologia e aumentando a agilidade e a qualidade das entregas.

A satisfação das pessoas em relação às mudanças causadas pela transformação ágil também aumentou consideravelmente, comparada ao cenário anterior.

9) Caso recomende o processo para outras empresas, por qual motivo?

Mudar sem saber qual a cultura (leia-se: processos e restrições) da empresa e quais objetivos quer atingir, utilizando alguma metodologia pronta ou copiando outras empresas, pode trazer alto custo e não apresentar resultado algum.

O Business Agility Inception® nos possibilitou conhecermos melhor a cultura da empresa através da diversidade de visões das pessoas, produziu informações importantes que serviram de base para a nossa mudança e foi o responsável direto por desencadear a transformação ágil na Software Express.

10) Se avaliou fazer o processo de *assessment* por outra consultoria e, caso afirmativo, por qual razão escolheu o Business Agility Inception®?

Escolhemos a Hiflex porque um dos nossos colegas da empresa já conhecia o Vitor Massari e nos passou ótimas referências sobre a pessoa e o profissional que é.

***

Depoimento 2

Marlo Torres – WK Sistemas

Pós-graduado em Gestão de Empresas. Atua como gestor de qualidade, processos e automações na WK Sistemas.

1) O que motivou a fazer o Business Agility Inception®?

Falta de padrões de trabalho nas equipes de desenvolvimento, excesso de *bugs* no produto, dependência demasiada nos testes automatizados para garantia da qualidade, retrabalho.

2) Como foi o processo?

Iniciamos pelo 4Hands System Discovery®, onde envolvemos um ótimo grupo de pessoas que atuavam na área de desenvolvimento. Foram apresentadas diversas observações sobre o formato de trabalho da empresa, dores latentes, ajustes e iniciativas para melhorar as atividades. Foram 76 pontos levantados que se consolidaram em 56 ações de sondagem e todas dentro do nosso MVPA. Mesmo dois anos depois, ainda temos pontos a trabalhar. Após o Business Agility Inception®, tivemos a consultoria nas equipes, revitalizando a metodologia *Scrum* com a definição clara dos papéis e responsabilidades, equipe por equipe. Ainda tivemos treinamentos *in company* sobre agilidade, responsabilidades do time e a imersão ágil, que foi um choque para quem não conhecia nada do processo. Por fim, tivemos um trabalho de acompanhamento e *mentoring* que nos trouxe confiança para a realização de correções e ajustes no nosso trajeto.

3) Dificuldades

No passado já tínhamos experimentado o *Scrum*, e muito se falou internamente sobre tentar mais do mesmo e que já tínhamos tentado este *framework* e não havia dado certo. Foi uma grande barreira a ser quebrada. Além disto, tínhamos a proposta de revitalizar a metodologia, porém não tínhamos *Scrum Masters*. Optamos então por formar os *Scrum Masters* internamente, intensificando treinamentos e acompanhamento com a participação da Hiflex.

4) Algum momento muito tenso

Nem sempre os resultados saem como o planejado, seja com relação à velocidade do time, finalização das atividades, o "praticamente pronto", os atritos internos, enfim, obviamente era a metodologia/condução que era questionada. Ouvi comentários como: "o que a metodologia recomenda neste caso?", mas nem sempre se tem resposta para tudo, e muito menos será o *framework* que irá responder todas as perguntas, mas a maturidade e a segurança de ter uma equipe de suporte nos ajuda muito nesses casos.

5) Algum momento muito legal

Um momento marcante foi quando entendemos nossas características e conseguimos montar nossas próprias métricas para aumentar a previsibilidade e transparência no trabalho de todos. Foi algo construído em conjunto com os times, que dava visibilidade e transparência a cada entrega.

6) Principais ações finais

Dentre as principais ações que foram identificadas neste processo, podemos citar foco nas pessoas, como o treinamento aos líderes, aplicação de e-NPS, disseminação do conhecimento do produto, revitalização e publicação dos papéis e responsabilidades, treinamentos técnicos, entre outros. Mas também identificamos iniciativas com foco técnico, como atualização do nosso sistema de ALM para que fosse possível migração de repositório de fontes, implantação de *pipeline*, *code review* estruturado, entre outras automações voltadas a *DevOps*.

7) Desafios pós processo

Um grande desafio é continuar com um olhar crítico sobre as atividades e entregas. Com base nisso, desenvolvemos nosso próprio *framework* para trabalho na equipe de desenvolvimento, levando conosco as lições aprendidas e nos permitindo um passo a mais em direção ao aperfeiçoamento das nossas atividades.

8) Resultados obtidos até o momento

Além da experiência adquirida, uma das grandes evidências de sucesso que tivemos foi a mentalidade. Trabalhar por ciclos, momentos específicos para parar e reavaliar o processo na visão de quem mete a mão na massa, quebrar entregas, envolver clientes e *stakeholders*, etc.

9) Caso recomende o processo para outras empresas, por qual motivo?

Precisamos mudar e nos adequar à nova realidade de cada dia. O benefício é muito maior quando contamos com o apoio de profissionais com experiência na área, nos trazendo a realidade praticada nas outras empresas e consequentemente nos proporcionando muito mais segurança em nossas propostas de mudanças.

10) Se avaliou fazer o processo de *assessment* por outra consultoria e, caso afirmativo, por qual razão escolheu o Business Agility Inception®?

Não foi avaliado.

***

Depoimento 3

Carlos Restom – Zurich Santander

Carreira com 20 anos de experiência na área de Tecnologia da Informação e em projetos. Forte atuação em escritórios de projetos, conduzindo o processo de estruturação das áreas, permeando por processos de seleção e priorização do portfólio, planejamento/execução dos projetos. Passei por empresas como Nextel, Ticket, Porto Seguro e Brasilprev.

Sou graduado em Ciência da Computação pela UNISANTA (Universidade Santa Cecília), com MBA em Tecnologia da Informação Aplicada à Nova Economia pela FGV (Fundação Getúlio Vargas). Certificado pelo PMI, além de possuir certificações em *frameworks* ágeis (PSM, ASM e PSPO), entre outras.

1) O que motivou a fazer o Business Agility Inception®?
A falta de experiência em estruturar uma área utilizando um modelo que nunca havia utilizado/implementado.

Além disso, havia uma grande expectativa da diretoria. Então, diante desse cenário, não tínhamos a chance de errar. Logo, decidimos seguir a sugestão do *PMBOK® Guide*: se não sabe fazer, contrate quem sabe.

2) Como foi o processo?
Eu já havia lido o livro do PMO Ágil®, que traz uma boa parte do que usamos, e minha chefe também. Então o processo de venda da ideia e de decisão foi relativamente fácil, já que tanto eu quanto minha chefe já estávamos comprados. Contatamos a Hiflex e poucos dias depois de fecharmos o contrato já estávamos planejando e executando os trabalhos. Foram apenas 10 dias (não consecutivos) junto do Fábio e do Vitor. Porém, como tínhamos a missão de realizar o Business Agility Inception® (3 dias) e também a implementação do *framework* PMO Ágil (7 dias), desde o momento 0 (onde sabíamos mais ou menos o que queríamos) até a entrega e divulgação do *framework* para toda a companhia foram três meses de jornada.

3) Dificuldades
Como em toda empresa, havia os que acreditavam e apoiavam e também os sabotadores silenciosos, que carregam consigo uma mistura inconsciente de medo, insegurança e resistência ao novo, e por isso fazem de tudo para manter seus velhos hábitos e conceitos. Porém, isso não nos abalou, pois tínhamos consciência de que estávamos respaldados por um grande especialista no assunto, o que dava ainda mais confiança de que estávamos no caminho certo.

4) Algum momento muito tenso
Acredito que desde o momento em que eu aceitei a proposta de ir trabalhar na Zurich-Santander, tinha um compromisso comigo mesmo, e com minha chefe, de fazer tudo aquilo acontecer. Tínhamos uma "data parede" para concluir os trabalhos, que era apresentar o modelo na reunião de fim de ano. Então, toda a minha jornada foi tensa para não frustrar nem minha equipe nem minha chefe.

Como estávamos respaldados pelo conhecimento técnico e pelo engajamento do Fábio e do Vitor, sabíamos que no final daria tudo certo, mas em nenhum momento tirávamos o pé do acelerador, pois não podíamos dar sopa para o azar.

5) Algum momento muito legal

O momento mais legal foi quando apresentei o *framework* na reunião de final de ano, para todos os 300 colaboradores da companhia, e todos aplaudiram de pé quando terminei. Foi incrível.

6) Principais ações finais

A ideia a partir daquele momento era iniciar o *rollout* dos projetos para o novo *framework*.

Iniciamos com dois projetos apenas, e como percebemos que a coisa começou a andar iniciamos outros dois projetos e aí a coisa começou a fluir.

7) Desafios pós processo

Após terminar a apresentação na reunião de final de ano, tive mais consciência de que meus desafios estavam só começando, já que não poderia frustrá-los de forma alguma. Por ser um trabalho de mudança cultural, o desafio era fazer com que as pessoas de fato utilizassem o *framework*, não porque "tem que" usar, mas porque queríamos que os times percebessem de fato o valor. Então fizemos um trabalho de formiguinha, com muita humildade e jeito para que tudo desse certo.

8) Resultados obtidos até o momento

É um trabalho contínuo, de muitos desafios, mas alguns resultados já colhemos e outros ainda estamos buscando.

Exemplo: algumas formas de trabalho que propusemos na época não foram aceitas, por acharem simplesmente que não iria funcionar, pois a empresa ainda não tinha maturidade suficiente, e hoje algumas formas de trabalho que propusemos estão sendo sugeridas pela própria diretoria.

9) Caso recomende o processo para outras empresas, por qual motivo?

Vou contar uma historinha real, que vai ajudar no entendimento: vim de uma família muito simples, e quando reformamos nossa primeira casa que compramos, onde moraria com a minha mãe, meu irmão e eu, jamais pensaria que um dia contrataria um arquiteto, pois aquilo era coisa de rico, e não era nosso caso. Quando me casei, minha esposa quis contratar e eu, muito resistente com a contratação, acabei cedendo pra não desapontá-la e até mesmo para que meu casamento durasse ☺. Enfim, no término da obra, tive a certeza de que fizemos a melhor escolha, pois muitas das ideias, experiências, colocar tomadas onde a construtora não tinha colocado, enfim, vários erros que cometeríamos se a reforma fosse feita somente por mim e minha esposa no comando. No geral nós mitigamos um risco enorme da obra não sair da forma como imaginávamos.

Bom, toda essa história foi pra contar que se você não sabe ao certo como fazer, e principalmente se é uma oportunidade única, sem dúvida nenhuma, contrate profissionais que de fato conhecem o assunto, porque talvez você não tenha uma segunda chance pra fazer novamente.

10) Se avaliou fazer o processo de *assessment* por outra consultoria e, caso afirmativo, por qual razão escolheu o Business Agility Inception®?

Fizemos sim uma cotação, pelo fato de ser um processo padrão da companhia, mas não sentimos confiança nas outras duas empresas que foram cotadas para nos apoiar e as experiências trazidas por elas não eram consistentes. Além disso, já tínhamos trabalhado com a Hiflex em outra empresa e tivemos excelentes resultados. Isso nos deu mais certeza de que não estávamos contratando "aventureiros".

***

Depoimento 4

Colaboradores da Empresa Sysmo Sistemas Ltda.

Os participantes fizeram questão de escrever o depoimento juntos, e o CEO Miguel Ângelo Scartazzini Bocalon (que participou do processo em praticamente 100% do tempo) fez questão de manter o grupo como assinante do depoimento.

1) O que motivou a fazer o Business Agility Inception®?

O que motivou a Sysmo Sistemas Ltda. a buscar os treinamentos de transformação ágil da Hiflex foi uma melhor integração dos departamentos e a busca por uma única visão de todo o processo, bem como das necessidades dos clientes, e, consequentemente, agilizar nossas rotinas internas sem perder a qualidade.

2) Como foi o processo?

Participaram desta consultoria colaboradores de todos os departamentos. O intuito era que toda a empresa estivesse interligada e em busca de um único objetivo.

Por intermédio dos consultores Fábio e Vitor, os participantes foram divididos em quatro equipes e foram realizadas dinâmicas para elencar os seguintes pontos:

♦ Dores: as maiores dores encontradas atualmente na empresa, em relação ao fluxo de trabalho, demandas, pessoas, conhecimento, gestão, comunicação, motivação, recursos, etc.
♦ Objetivos: foram revisados os objetivos da empresa naquele momento. Objetivos ligados a faturamento, clientes, pessoas, evolução do produto, relacionamento com cliente, capacitação, clima organizacional, etc.
♦ Restrições: quais restrições há na empresa que impedem de realizar determinadas atividades, ou de dar sequência em alguns projetos (seja da empresa, seja do produto). As principais situações levantadas foram: disponibilidade, processo, *skill*, dependência externa, prazo, custo, recursos e pessoas.

♦ Ações: para as dores, restrições, situações de melhorias levantadas até aquele momento da consultoria foram descritas ações e divididas em níveis de tratamento (Complexo, Complicado, Caos e Óbvio). Dada essa dimensão, as equipes estruturaram semanas de trabalho, a fim de realizar/pôr em prática/planejar tempo para cada ação elencada.

Todas as atividades aconteceram durante três dias de consultoria. Após algumas semanas, Vitor e Fábio retornaram à Sysmo para dar sequência nos trabalhos. Foram revisadas as atividades planejadas até o retorno deles à empresa (o que foi feito e não feito), levantados os pontos positivos e negativos, identificado o que mudou/melhorou.

Assim, a consultoria seguiu por mais dois dias, sendo que os trabalhos se intensificaram na revisão do fluxo da empresa, desde a demanda relatada pelo cliente até a entrega do produto final. Para cada etapa foi elencado (mais ou menos) o tempo de espera e, assim, foi possível ter todo o ciclo de vida da empresa e o tempo de espera do cliente. Em todo esse ciclo foram identificados onde estavam os gargalos, o que precisava mudar e como buscar ações efetivas para isso.

3) Dificuldades
A maior dificuldade durante toda a consultoria era conseguir envolver pessoas dos vários departamentos (pois exigia tempo).

Durante as dinâmicas, chegar a um consenso, pois são visões diferentes.

Após a consultoria, dificuldade (tempo) em realizar as ações determinadas.

4) Algum momento muito tenso
O momento tenso foi durante o dimensionamento das ações em Complexo, Complicado, Caos e Claro. Isso gerou vários comentários, pois havia prioridades/visões diferentes.

5) Algum momento muito legal

Quando foram elencadas as dores e restrições. São situações que a empresa "sabe" ou "identifica", mas ver e ouvir isso diretamente dos participantes e com o auxílio dos consultores através de embasamentos/depoimentos sobre os assuntos fez com que percebêssemos quais ações deveriam ser tomadas rapidamente em cada departamento, gerando um comprometimento coletivo.

6) Principais ações finais

Ação imediata após a identificação de gargalos no ciclo de vida da empresa. Refazer algumas etapas, bem como eliminar outras, em busca da otimização do tempo para dar um retorno mais rápido ao cliente.

7) Desafios pós processo

Continuar trabalhando nas ações elencadas, nos gargalos identificados e manter essa organização/planejamento.

8) Resultados obtidos até o momento

A partir da consultoria a empresa passou a realizar o NPS de clientes, a fim de identificar as melhorias. No momento da consultoria (março de 2019) tivemos a primeira avaliação, sendo realizado novamente em fevereiro de 2020, obtendo melhorias no conceito NPS.

Também foi realizado NPS dos colaboradores, sendo possível melhorar alguns pontos mencionados por eles.

As demandas de clientes que entram pelo departamento de serviços foram organizadas de forma que, uma vez na semana (sextas-feiras), as equipes de produtos se reúnem com analistas de serviços para identificar as demandas e selecionar o que será entregue e o que será recusado naquele momento e, assim, poder dar esse retorno breve ao cliente.

Realizada refatoração de código-fonte dos pontos do sistema que possuíam maior lentidão. Foram acompanhados e registrados os ganhos de performance.

Realizado planejamento de entregas com as equipes do departamento de produtos a cada 10 dias úteis (*Sprint*), a fim de definir o que será feito e medir o que foi entregue, visando buscar o foco nas atividades que foram priorizadas, planejamento, controle, transparência e prazo, aumentando o índice de acertos (planejado x realizado) e reduzindo o tempo de entrega.

9) Caso recomende o processo para outras empresas, por qual motivo?
A indicação é visando a organização das empresas em todos os âmbitos. Além disso, a forma de conduzir a consultoria, porque quem coloca em prática as atividades são os próprios participantes da empresa. Não é um treinamento onde só ouvimos, mas, sim, colocamos a "mão na massa" para chegar a um resultado final e ter clareza do que precisamos melhorar/mudar, agindo rapidamente.

As atividades proporcionaram engajamento e compreensão de toda a empresa, nas quais foram elencadas as maiores dores e restrições que impediam a evolução ou melhora do processo, ambiente, relacionamento com o cliente, etc.

Além disso, aproveitamos todo o conhecimento que os consultores Fábio e Vitor possuem sobre gerenciamento de projetos, metodologias ágeis, enfim, sobre o processo de uma empresa fornecedora de software.

10) Se avaliou fazer o processo de *assessment* por outra consultoria e, caso afirmativo, por qual razão escolheu o Business Agility Inception®?
A Sysmo já conhecia alguns trabalhos realizados pela Hiflex.

O método utilizado para realização dos trabalhos se adequava com o que a empresa precisava ver/sentir naquele momento.

Além disso, os livros publicados por Fábio e Vitor são referências no dia a dia da Sysmo.

***

Depoimento 5

Luis Escribano, Locaweb (LE)

O argentino mais brasileiro, fã da família e dos livros. Voluntário no Toastmasters, colabora para o desenvolvimento de talentos brasileiros. Formado em engenharia de telecomunicações, possui experiência profissional em países da América Latina relacionada à gestão de TI. *Locaweber* desde 2014, trabalha para promover o sucesso dos clientes corporativos da Nextios. Junto à Hiflex implantou o projeto de PMO Ágil® no PMO Corporativo da Locaweb em 2018.

Nayara Kasai, Locaweb (NK)

Engenheira civil de formação, apaixonada por natureza e *volunteacher* na ONG Cidadão Pró-Mundo. Atualmente é responsável pela área de Controles Internos e Gestão de Riscos e pelo PMO Corporativo da Locaweb e das suas unidades de negócio, fazendo a gestão de projetos internos, processos e métricas estratégicas da companhia.

1) O que motivou a fazer o Business Agility Inception?

Queríamos alavancar o desenvolvimento do PMO corporativo da Locaweb, que já completava os primeiros anos de vida. Podíamos optar por manter um crescimento gradativo e contínuo ou acelerar esse processo. Buscávamos um salto de maturidade substancial e sólido. Entendíamos que apenas treinamentos ou capacitações não atenderiam a este objetivo. Depois de conversar com o Vitor, de compartilhar nossa necessidade e de conhecer o Fábio e sua proposta de trabalho, encontramos o que estávamos buscando.

2) Como foi o processo?

Foi intenso e muito rico. Cada etapa proposta pelo processo foi planejada e executada com maestria. As entrevistas com os *stakeholders* foram o ponto de partida e o principal *driver* da construção do modelo de negócio (BMC) do PMO. Em seguida nós definimos o que faríamos, garantindo que só faríamos aquilo que acrescentasse valor (*Lean*), com quais meios, dentro de uma linha do tempo e através de uma comunicação clara com canais, artefatos e frequências definidos. Foram inúmeras discussões, sem dúvida. Modificamos nossa maneira de acompanhamento e *report* executivo dos projetos, novas métricas foram criadas. O *framework* personalizado foi a última grande entrega da consultoria.

3) Dificuldades

Talvez a conciliação do dia a dia com a transformação que estávamos promovendo. O apoio do *board* da Locaweb, assim como dos gestores de outras áreas, ao projeto do PMO Ágil® foi unânime.

4) Algum momento muito tenso

Não houve tensão e sim uma vontade forte de materializar uma visão de PMO à altura de uma Locaweb que tanto cresce no mercado.

O processo começa por entrevistas com os interessados, por conhecer as expectativas deles, e culmina com um modelo de negócio do PMO, capaz de entregar e atender às expectativas dos *stakeholders*. Trata-se de um trabalho de integração e construção.

5) Algum momento muito legal

As sessões *in loco* eram muito intensas, as dinâmicas de trabalho propostas para construir o novo PMO, desde as entrevistas iniciais, passando pelo desenvolvimento do *business model canvas* até nosso próprio *framework*, com suas cerimônias e artefatos.

Temos fotos e vídeos das salas com lousas cheias de anotações e paredes pintadas com *post-its* após 10h de trabalho. Eu lembro de compartilhar o final da jornada com outras equipes e colegas, acompanhando o olhar de admiração das pessoas com tamanho trabalho.

6) Principais ações finais
No nosso caso, tivemos o acompanhamento das primeiras *Sprints* junto com a Hiflex, ao mesmo tempo em que executávamos ações mapeadas na construção do BMC, fora das nossas cerimônias e artefatos.

7) Desafios pós processo
LE: Eu destacaria a consolidação e a manutenção do que foi desenvolvido junto à consultoria. O próprio *framework* prevê a revisão periódica a cada seis ou 12 meses para garantir a entrega de valor contínua para os principais *stakeholders*.

NK: Consolidar e adaptar o *framework* de trabalho às novas necessidades e respeitando todas as regulamentações aplicáveis a uma companhia de capital aberto.

8) Resultados obtidos até o momento
Maior clareza e agilidade no *on boarding* de novos membros do PMO, pois temos o nosso modo de trabalhar estruturado e documentado, garantindo assim um alinhamento entre os membros do time, um padrão mínimo de qualidade do nosso trabalho e o entendimento do que é e do que não é responsabilidade do PMO, além de colaborar para mantermos um trabalho consistente e elevarmos a maturidade do PMO.

9) Caso recomende o processo para outras empresas, por qual motivo?
Além da Hiflex entregar um resultado concreto, o processo pode ser adaptado a organizações cujos PMOs estejam em diferentes níveis de maturidade. A personalização do trabalho à empresa também foi um elemento importante. A transformação acontece mudando positivamente a empresa e as pessoas envolvidas.

10) Se avaliou fazer o processo de *assessment* por outra consultoria e, caso afirmativo, por qual razão escolheu o Business Agility Inception?
Fizemos diferentes consultas ao mercado, mas ao falar com o Fábio pela primeira vez, já soubemos que era isso o que buscávamos.

Epílogo

Olá! Você chegou ao final de nossa obra!

Esperamos que o livro ajude você a atuar de forma mais pragmática na organização ajudando-a a passar por momentos de VUCA, transformações ágeis, digitais e *Business Agility*.

Lembre-se de que é uma boa prática, totalmente livre para que você a utilize para sondar seu contexto e fazer emergir uma nova boa prática. Se isso acontecer, por favor compartilhe conosco para aprimorarmos mais ainda nosso *framework* Business Agility Inception®.

Você executou o processo e tem um resultado bacana para compartilhar conosco? Entre em contato nos seguintes canais:

Hiflex Group
LinkedIn: <http://www.linkedin.com/company/hiflex-group>
Instagram: @hiflexgroup
Website: http://www.hiflexgroup.com

Vitor Massari
LinkedIn: <http://www.linkedin.com/in/vitormassari>
Instagram: @vitormassari

Fábio Cruz
LinkedIn: <http://www.linkedin.com/in/fabiorcruz>
Instagram: @fabiocruz.br

Seu *feedback* é muito importante para continuarmos com:

Nossa Missão
Ajudar pessoas e organizações a atingirem melhores resultados através de abordagens ágeis, enxutas e colaborativas de gestão.

Nossa Visão
Criar um universo corporativo com cada vez mais resultados, menos desperdícios, mais engajamento e com maior senso de realização e propósito.

Nossos Valores
1. Indivíduos e interações em um ambiente seguro, mais que processos e ferramentas.
2. Entregar resultados continuamente mais que foco em burocracia.
3. Encantar clientes mais que focar em contratos.
4. Experimentar e aprender rapidamente mais que ter medo de errar.

Um forte abraço e nos vemos nos nossos próximos livros! ☺

Referências bibliográficas

CAROLI, P. **Lean Inception:** como alinhar pessoas e construir o produto certo. Porto Alegre: Caroli, 2019. 155p.

COGNITIVE EDGE. Site. Disponível em: <http://cognitive-edge.com>. Acesso em: 11 ago. 2020.

COHN, M. **Succeeding with Agile:** software development using Scrum (Addison-Wesley Signature Series). Upper Saddle River, NJ: Addison-Wesley, 2009. 504p.

GOLDRATT, E. M. **Não é Sorte.** São Paulo: Nobel, 2004. 247p.

GOLDRATT, E. M.; COX, J. **A Meta.** São Paulo: Nobel, 2015. 400p.

GOLDRATT, E. M.; GOLDRATT-ASHLAG, E. **A Escolha.** São Paulo: Nobel, 2013. 285p.

MASSARI, V. Tríade: Objetivo X Valor Percebido X Restrições – Uma Perspectiva Para Planejamento De Escopo – Parte 2 – Hiflex. **Hiflex Consultoria**, 26 jul. 2018. Disponível em: <https://hiflexconsultoria.com.br/triade-objetivo-x-valor-percebido-x-restricoes-uma-perspectiva-para-planejamento-de-escopo-parte-2/>. Acesso em: 11 ago. 2020.

PROSCI. **What is the ADKAR Model?** Disponível em: <https://www.prosci.com/adkar/adkar-model>. Acesso em: 11 ago. 2020.

Acompanhe a BRASPORT nas redes sociais e receba regularmente informações sobre atualizações, promoções e lançamentos.

 @Brasport

 /brasporteditora

 /editorabrasport

 /editoraBrasport

Sua sugestão será bem-vinda!

Envie uma mensagem para **marketing@brasport.com.br** informando se deseja receber nossas newsletters através do seu e-mail.

Impressão e acabamento

psi7
psi7.com.br | book7
book7.com.br